Nelly Meyer-Fankhauser · Jeannette Plattner

Wirtschaften ist weiblich – vernetzt denken auch

Nelly Meyer-Fankhauser · Jeannette Plattner

Wirtschaften ist weiblich – vernetzt denken auch

Ein Handbuch des Netzwerks für Einfrau-Unternehmerinnen

eFeF-Verlag

Autorinnen und Verlag danken der UBS AG in Basel, dem Schweizerischen Gewerbeverband, alt Nationalrat François Loeb, der Danfoss AG in Frenkendorf, der Firma Kuhn & Co. in Biel und Jürg H. Meyer für die finanzielle Unterstützung.

Die Deutsche Bibliothek - CIP-Einheitsaufnahme

Meyer-Fankhauser, Nelly:
Wirtschaften ist weiblich - vernetzt denken auch : ein Handbuch des Netzwerks für Einfrau-Unternehmerinnen / Nelly Meyer-Fankhauser ; Jeannette Plattner. - Bern : eFeF-Verl., 2000

ISBN 3-905561-36-0

1. Auflage 2000
© eFeF-Verlag, Bern
Alle Rechte vorbehalten
Lektorat: Liliane Studer, Bern
Korrektorat: Benita Schnidrig, Bern
Umschlaggestaltung: Helene Sperandio, Adliswil
Herstellung: Tatiana Wagenbach-Stephan, Zürich
Druck & Bindung: freiburger graphische betriebe, Freiburg i. Br.
Printed in Germany

Inhalt

Vorwort
Teil 1 (Nelly Meyer-Fankhauser)
Frauen managen sich selbst
Ein Leitfaden für Frauen, die beruflich selbständig werden möchten
Einleitung 11
Das persönliche Profil 13
   Rahmenbedingungen im privaten Bereich 13
   Ein Leistungsausweis mit positiven Folgen 14
   Erfolg versprechende charakterliche Merkmale 16
Marketing 18
   Eine persönliche Marktanalyse 18
   Standortwahl 19
   Büroinfrastruktur 22
   Das Marketingkonzept 23
   Marketingstrategien 26
   Kundschaft finden – Kundschaft binden 31
   Kundschaftspflege 32
Rechtsformen 34
   Welche Rechtsform für welches Unternehmen? 34
   Die Einzelunternehmung 35
   Die Aktiengesellschaft 37
   Die Gesellschaft mit beschränkter Haftung (GmbH) 38
   Empfehlungen betreffend Versicherungen und Steuern 40
Finanzen 41
   Das Finanzierungskonzept 41
   Der Businessplan 45
Arbeitsorganisation 48
   Buchführung – eine Sache für sich 48
   Rechnungswesen – auf einen Nenner gebracht 49
   Zeitmanagement – für einen Tag 51
   Mittel- und langfristiges Zeitmanagement 52
Wie Frauen ihren Erfolg definieren 53

Teil 2 (Jeannette Plattner)
Einfrau-Unternehmerinnen: selbstbewusst, kreativ, unabhängig
Porträts von sieben NEFU-Frauen
   Nelly Meyer-Fankhauser, Nelly's OFFICE 57
   Christiane Völlmy, Quality time 64

Gisèle Rufer, DELANCE SA Swiss Watches 72
Ursula Gebendinger, Graphic Design, Illustration, Buchgestaltung 79
Gertrud Rebsamen Neff, Treuhänderin 86
Maja Schneiter, Restaurant zur Schuhmachernzunft 94
Anita Messerli, Zum Tintenfässli, Bauernhofbeizli Kellenweid 101

Teil 3 (Nelly Meyer-Fankhauser)
Wer eine Geschichte hat, hat auch eine Zukunft

Von der Vision zur Wirklichkeit 111
   Wo die Netzwerkgeschichte angefangen hat 111
   Eine Fragebogenaktion mit Aussagekraft 114
Ein Leitbild mit Zukunftscharakter 117
   Das Geheimnis liegt in der Selbstbestimmung 117
   Das Profil der Koordinationsstelle NEFU Schweiz 118
   Wie frau Mitglied wird 119
   Das Mitgliederverzeichnis – das gelebte Netzwerk 120
Marketing in eigener Sache 122
   NEFU – ein Markenzeichen 122
   Frauen unterstützen Frauen 123
   Die Medien als Wegbereiter 124
   Sponsoring – ein wirkungsvolles Marketinginstrument 125
Projekte und Angebote 127
   Das Projekt «Die neuen Selbständigen – Wer sind sie?» 127
   Präsenz und Kontakte an Messen, Märkten und Foren 130
   «Wer auch morgen noch Erfolg haben will, muss sich heute weiterentwickeln» 131
   Das Besondere am NEFU-Weiterbildungsangebot 131
   NEFU Schweiz global online 133
   Die Jahrestreffen – eine Motivationsspritze ohnegleichen 134
   Kantonale und grenzüberschreitende Knotenpunkte – ein Gewinn für alle Beteiligten 135
Das weibliche Zeitalter hat begonnen 137
   Volkswirtschaftliche Bedeutung 137
   Und wo bleibt «Bruder NEMU»? 138
   Der Vorteil der Grösse, der in der Kleinheit liegt 139

Ausgewählte Literatur 142
Adressen 143

Vorwort

Wenn man mich früher fragte, was ich von Frauennetzwerken halte, dann antwortete ich: Na ja... Wer mich heute – genauer gesagt, seit dem 23. Mai 1998 – fragt, bekommt eine eindeutige Antwort: Es gibt ein Netzwerk, das ist vorbildlich dafür, wie Frauen miteinander umgehen sollten, und dieses Netzwerk heisst NEFU! Was ich anlässlich des 5-jährigen Jubiläums von NEFU erlebte, war mir vorher noch nie begegnet. Da waren Frauen zusammen, wie sie unterschiedlicher nicht sein konnten, und dennoch gingen sie voller Achtung und Respekt miteinander um: keine Rivalität, keine Häme, keine Arroganz. Denn diese Frauen verbindet eins: die Leistung, die sie als Unternehmerinnen am Markt erbringen. In einer Atmosphäre von Freude und Optimismus spürte ich die Energie, die Erfolg erst möglich macht. Und erfolgreich zu sein, das heisst nicht nur, die eigene wirtschaftliche Existenz sichern, sondern die Vorstellung von einem «ganzen» Leben realisieren zu können, wie wir es uns in unserem tiefsten Inneren wünschen.
Frauen, die Unternehmerinnen geworden sind, haben die grössten Chancen, das Leben nach ihren Wünschen zu gestalten. Sie müssen ihre Kräfte nicht im Kampf gegen Vorurteile in überwiegend männlich besetzten Hierarchien verschleissen, sie können sich stattdessen auf das konzentrieren, was wirklich wichtig ist, nämlich die Wünsche der Kunden und Kundinnen zu erfüllen und scharf zu rechnen. Sie müssen niemanden fragen, wenn sie bei ihrer Arbeit die Belange der Familie berücksichtigen wollen, und so kommt es, dass Unternehmerinnen deutlich häufiger und mehr Kinder haben als Frauen, die als Angestellte in Führungspositionen tätig sind. Inzwischen sind Unter-

nehmerinnen auch finanziell erfolgreicher als angestellte Frauen in Führungspositionen – der Markt belohnt Leistung objektiver als ein Vorgesetzter oder eine Vorgesetzte es je könnte. Und wenn noch ein Netzwerk wie NEFU dazukommt, wer will dann eigentlich nicht Unternehmerin werden?

Dieses Buch dokumentiert die grossartigen Leistungen aller Frauen, die mit der Initiantin Nelly Meyer-Fankhauser NEFU zu dem gemacht haben, was es heute ist: ein Erfolgsfaktor für Unternehmerinnen. Und es zeigt, wem die Zukunft gehört: der Lebensunternehmerin!

Sonja Bischoff, Universitätsprofessorin an der Hochschule für Wirtschaft und Politik in Hamburg

Teil I

Frauen managen sich selbst
Ein Leitfaden für Frauen, die beruflich selbständig werden möchten

Einleitung

Viele Frauen träumen davon, beruflich unabhängig zu werden, ihre Kreativität zu entfalten und ihre eigene Chefin zu werden. Sie wollen ihr Leben selbst in die Hand nehmen und sich nicht mehr verwalten lassen. Insbesondere dann, wenn die Firma oder öffentliche Verwaltung, in der sie als Angestellte beschäftigt sind, ihre Organe neu strukturiert und die Aufgaben anders verteilt. Der Wunsch nach einem eigenen Geschäft kann sich auch nach einem familiär bedingten Arbeitsunterbruch, in Notsituationen oder während eines Neuorientierungsprozesses einstellen.
Zum unternehmerischen Erfolg gehören nicht nur Fachkenntnisse. Es sind auch gewisse Rahmenbedingungen, menschliche Fähigkeiten und Charaktereigenschaften, unternehmerischer Geist, Mut zur Risikofreude, Mut zur Spontaneität und ein Gespür für die richtige Marktlücke mitzubringen. Nicht zu verkennen ist das nötige Quäntchen Glück. Damit potenzielle Neuunternehmerinnen nicht mit falschen Illusionen ins Unternehmerinnentum starten und die mit dem Aufbau eines Geschäfts verbundenen familiären Auswirkungen kennen, ist auf den nachfolgenden Seiten das aus der Praxis gewonnene Know-how zahlreicher Einfrau-Unternehmerinnen zusammengetragen. Etwas verbindet den gesammelten Wissensschatz: Er basiert auf weiblichen Erfahrungen. Der Leitfaden versteht sich als Mutmacher für jede Frau, die sich auf Neuland begeben und über eine Firmengründung nachdenken will. Das Studium der einzelnen Kapitel hilft, sich Schritt für Schritt auf die neuen Gegebenheiten einzustellen.
Der Ratgeber erhebt keinen Anspruch auf Vollständig-

keit. Tipps und Empfehlungen dienen dazu, sich überhaupt mit den verschiedenen Anforderungen, die der Schritt in die Selbständigkeit erfordert, vertraut zu machen. Positionen, die besonders zu berücksichtigen sind, werden in den Kapiteln «Marketing, Rechtsformen und Finanzen» ausführlicher beschrieben. Bei der Bearbeitung dieser Thematik habe ich mich auf die gängige Literatur abgestützt (zum Beispiel die hilfreiche Broschüre von Sonja Winter «Lust am Unternehmen» oder der detailliert recherchierte Ratgeber aus der Beobachter-Praxis «Ich mache mich selbständig» von Norbert Winistörfer). Weitere Literaturhinweise finden sich im Anhang.

Das persönliche Profil

Die eigene Person ist das wichtigste Arbeitsinstrument. Die besten Aussichten auf Erfolg hat, wer die eigenen Stärken, Bedürfnisse und Werthaltungen kennt und sie bewusst und zielorientiert in den unternehmerischen Alltag einbringt. Der Weg zum Erfolg bedingt nicht nur eine konsequente Beschäftigung mit den Belangen des Unternehmens, sondern auch eine ständige Auseinandersetzung mit sich selbst. Der Austausch in einem Netzwerk beruflich selbständiger Frauen hilft gerade zu Beginn, die richtigen Schritte zum richtigen Zeitpunkt zu planen und den Überblick wie den Mut nicht zu verlieren.

Rahmenbedingungen im privaten Bereich

Günstig ist, wenn eine Neuunternehmerin
- Personen mit Vorbildfunktionen kennt, die das Gründungsgeschehen entscheidend unterstützen können (Verwandte, Bekannte, unternehmerisch tätige Identifikationspersonen)
- vom familiären Umfeld profitieren kann, das ihre Ideen von Anfang an mitträgt
- ihre Ideen unbeirrt und motiviert in ihr Geschäft einbringen kann
- ihr Unternehmen klein beginnt und Schritt für Schritt aufbaut
- sich auf ein Beziehungsnetz abstützen kann, das sie auf ihrem bisherigen Werdegang – privat wie beruflich – aufgebaut hat
- sich voll auf ihren unternehmerischen Alltag konzentrieren und das familiäre Umfeld auf ihre Präsenz ver-

zichten kann, falls Aufträge bis zu einem bestimmten Termin zu erledigen sind
- in Druckperioden oder bei Sondereinsätzen an Feiertagen, abends oder übers Wochenende auf die aktive Mithilfe ihres nächsten Umfeldes zählen darf
- sich bewusst ist, dass ihr Unternehmen in der ersten Zeit möglicherweise noch keinen Gewinn erwirtschaften kann
- über eine physisch und psychisch gute Verfassung verfügt, die es ihr ermöglicht, längere Arbeitstage und Durststrecken durchstehen zu können
- mit dem Verständnis ihrer Freundinnen, Freunde und Bekannten rechnen darf, auch wenn sie ihnen möglicherweise weniger Zeit widmen kann
- sich bewusst ist, dass sie gesellschaftliche Verpflichtungen nur in beschränktem Masse wird wahrnehmen können.

Ein Leistungsausweis mit positiven Folgen

Eine Neuunternehmerin sollte sich klar sein, dass sie
- ihren Kompetenzen als Managerin voll vertrauen darf, die sie als Familien- und Hausfrau erworben hat: Um Kinder, Haushalt und Partnerschaft unter einen Hut zu bringen, hat sie sich als Mutter und Hauswirtschafterin zwangsläufig ein gutes Organisations- und Entscheidungstalent, buchhalterische und kommunikative Fähigkeiten, kreatives Konfliktmanagement, Flexibilität und Belastbarkeit antrainiert
- vor der Firmengründung – sei es als angestellte Berufsfrau oder in Weiterbildungsprogrammen – meistens nur in ihrem erlernten Beruf, nicht aber als Geschäftsfrau praktische Erfahrungen sammeln konnte

- permanent bereit sein sollte, fehlendes Wissen und neue Erkenntnisse in spezifischen Unternehmensbereichen aufzunehmen und eine marktorientierte Denkhaltung einzunehmen – laut dem Slogan «Wer auch morgen noch Erfolg haben will, muss sich heute weiterentwickeln»
- betriebswirtschaftliche Begriffe wie Rechnungswesen, Buchhaltung, Steuern, Marketing, Finanzplanung, Kalkulation und Verkauf kennen sollte
- mit kaufmännischen Grundkenntnissen ihre Rechnungen selber schreiben und administrative Tätigkeiten selbst erledigen kann
- aufwändige und weniger beliebte Arbeiten wie zum Beispiel Sekretariatsarbeiten, Buchführungsaufgaben und diverse treuhänderische Aufgaben an Fachpersonen delegieren kann – aber nur, wenn es nicht anders geht und der berechtigt hohe Preis in Kauf genommen wird
- trotz Auslagerung von Arbeiten den Überblick über die geschäftlichen Aufwand- und Ertragsposten nicht verlieren darf
- die im Geschäftsverkehr üblichen Zahlenwerte interpretieren kann
- das Beziehungsnetz nutzen soll, das sie auf ihrem bisherigen Werdegang aufgebaut hat
- an einem Beziehungsnetz mitknüpfen sollte, das für ihre unternehmerischen Tätigkeiten dienlich sein kann
- aktives Networking als eine der wichtigsten Marketingmassnahmen für eine erfolgreiche Entwicklung ihres Geschäftes zu betrachten hat.

Erfolg versprechende charakterliche Merkmale

Eine Neuunternehmerin lernt,
- eigene Verantwortung zu übernehmen und zu tragen
- sich durchzusetzen, ihrem Selbst zu vertrauen, sich selber treu und natürlich zu bleiben
- Disziplin, Selbstwertgefühl und ein ausgeprägtes Selbstbewusstsein zu entwickeln
- durchzuhalten, auch in kritischen Situationen
- sich bei Misserfolgen oder Rückschlägen nicht entmutigen zu lassen und beharrlich und zielstrebig den eingeschlagenen Weg weiterzuverfolgen
- an scheinbar Unmögliches zu glauben
- neue Sachen auszuprobieren
- noch neugieriger und entdeckungsfreudiger zu werden
- über Stärken und Schwächen zu reden und Schwächen in Stärken umzuwandeln
- über eigene Fehler zu schmunzeln in der Gewissheit, dass jeder Fehler eine Chance ist, die eigene Kompetenz zu steigern
- sich auf die gelungenen Arbeiten zu konzentrieren
- allen Widrigkeiten zum Trotz den Humor nicht zu verlieren, ihn vielmehr zu aktivieren
- ihre Eigenleistungen zu einem unternehmerisch gerechtfertigten Honorar in Rechnung zu stellen – auch wenn es ihr schwer fällt
- unternehmerisches Risiko auf sich zu nehmen
- ihre Arbeit ohne fremde Hilfe und feste Tagesstrukturen zu verrichten
- stets neue Prioritäten zu setzen, unvorhergesehene Termine einzuhalten, wichtige Dinge von unwichtigen zu trennen
- das in der Familienarbeit erworbene Selbstmanagement und Wirtschaften anzuwenden

- effizient zu arbeiten und auf Ungeplantes flexibel zu reagieren
- mehrheitlich im stillen Kämmerlein und isoliert arbeiten zu müssen
- mit Spass an der Arbeit ihre Dienste oder Produkte zu verkaufen und die Kundschaft von der eigenen Leistung zu überzeugen, wobei das «Sich-selbst-Verkaufen», das «Selbstvermarkten» im Vordergrund stehen
- mit ihr bis anhin fremden Menschen zu kommunizieren und zu verhandeln
- auf ihr Frau-Sein stolz zu sein und ihr Unternehmen mit Intuition, sozialer Kompetenz und Empathie zu führen
- ihr Outfit und Aussehen nicht zu vernachlässigen
- natürlich zu bleiben
- sich Zeit für sich selbst zu nehmen und sich gerne verwöhnen zu lassen
- ihre Kreativität auszuleben, um Probleme besser lösen und neue Ideen entwickeln zu können
- auf ganzheitliches und vernetztes Denkvermögen zu bauen
- die hohe soziale Verantwortung als Unternehmerin wahrzunehmen
- zukunftsorientierte Perspektiven für ihre Firma zu kreieren.

Marketing

Eine persönliche Marktanalyse

Bevor angehende Neuunternehmerinnen ihr Geschäft eröffnen, sollten sie sich als so genannte Marktforscherinnen betätigen. Das heisst, sie sollten selber auskundschaften, ob die erdachte Dienstleistung oder das Produkt eine Marktnische ist und überhaupt abgesetzt werden kann. Ebenso sind die nächsten Konkurrenten und Konkurrentinnen, deren Produkte, Marketing und Preise auszuloten.
Für angehende Unternehmerinnen ist auch das Testen des eigenen Produkts auf dem Markt ein absolutes Muss! Die Marktanalyse zeigt, ob das Geschäft läuft oder zum Scheitern verurteilt ist.

Einer Neuunternehmerin wird empfohlen,
- sich für eine gründliche Marktanalyse genügend Zeit zu nehmen – dies auch im Hinblick auf die Erstellung eines Businessplans (siehe Kapitel «Finanzen»), der nicht nur für die Gewährung eines Bankkredits verlangt wird, sondern für die Neuunternehmerin selbst von grosser Wichtigkeit ist
- die Marktanalyse nicht an Dritte zu delegieren, weil dadurch der «Puls des Marktes» nicht spürbar ist
- statistische Angaben für ihr Produkt oder ihre Dienstleistung bei öffentlichen Amtsstellen, Fachverbänden und Banken einzuholen
- in Fachzeitschriften, Tageszeitungen, Branchenpublikationen, Veröffentlichungen von Marktforschungsinstituten, Zeitungsarchiven und per Internet verläss-

liche und nützliche Informationen zu sammeln, die ihre Geschäftstätigkeit betreffen
- Fachmessen zu besuchen, Prospekte, Preislisten, Werbematerial und Messekataloge zu sammeln, Angebot und Nachfrage zu studieren
- möglichst viele Kontakte mit potenziellen Kundinnen und Kunden, Experten und Interessierten zu knüpfen oder Probeverkäufe zu starten, um im direkten Gespräch zu erfahren, ob ihr Produkt oder ihre Dienstleistung überhaupt auf Interesse stösst
- für Anregungen und Kritik offen zu bleiben
- Offerten von vorhandenen Produkten und Dienstleistungen von Konkurrenzfirmen anzufordern, Preise zu recherchieren und Vergleiche zu ziehen, um zu erkennen, in welchen Bereichen ihr Konzept besser oder schlechter ist
- den Preis für ihr Produkt oder ihre Dienstleistung mit Blick auf die Konkurrenzpreise genau zu kalkulieren (vgl. Kap. «Marketing» und «Finanzen»)
- über volkswirtschaftliche Zusammenhänge, politische und gesellschaftliche Vorgänge und konjunkturelle Entwicklungen im Bild zu sein
- für Trends und Tendenzen empfänglich zu werden, um frühzeitig neue Marktchancen zu entdecken.

Standortwahl

Dienstleisterinnen wie Produkteherstellerinnen brauchen einen geeigneten Standort. Ideal ist, wenn Neuunternehmerinnen eine Firma übernehmen oder ihre Tätigkeit mit minimalster Infrastruktur ausüben können. Ist dies nicht möglich, ergibt sich der richtige Standort aus der eigenen Marktforschung. Weil die Wahl für den Geschäftserfolg entscheidend sein kann, ist eine gute Vorbereitung nötig. Denn einmal getroffene Entscheide lassen sich oft nur mit Verlust rückgängig machen.

Sofern die Neuunternehmerin sich frei entscheiden kann und keine Kompromisse einzugehen hat, orientiert sie sich bei der Standortwahl nach folgenden Kriterien:

- Konkurrenz: In nächster Nähe gelegene Konkurrenz kann sich negativ oder positiv auf das eigene Geschäft auswirken
- Nähe zur Kundschaft: Der Standort muss nahe der potenziellen Kundschaft liegen, sofern die Neuunternehmerin mit ihrem Angebot nicht zum Kunden oder zur Kundin gehen muss
- Zentrale Lage: Sofern ständige Kontakte mit der Kundschaft zu erwarten sind, ist eine gut frequentierte Lage mit leichten Zufahrts- und Parkierungsmöglichkeiten wichtig
- Zielgruppe: Je nach Branche eignet sich ein Arbeitsplatz zu Hause, ein zentral gelegener Laden mit Schaufenster, ein passender Werkstattsraum oder ein gut zugänglicher Lagerraum (WC, Telefon, Strom muss eingerichtet sein)
- Reise- und Transportwege: Lässt sich die Geschäftstätigkeit direkt bei den Auftraggebenden oder an jeweils zu bestimmenden Orten ausführen, ist auf kurze Distanzen zu achten. Sofern Lieferanten oder Drittfirmen eine Rolle spielen, werden die Transportkosten zu Lagerräumen oder Produktionsstätten zu einem Kriterium
- Arbeitskräfte: Wer Personal beschäftigt, wird den Standort nach dem Arbeitskräftemarkt ausrichten
- Kosten: Wie hoch sind Mieten und Steuern?
- Behördliche Auflagen

Wenn die Neuunternehmerin ihre Firma in der eigenen Wohnung gründen möchte oder muss, gibt es Vorteile und Nachteile.

Vorteile
- Arbeitsplatz in der Nähe
- günstige Raumkosten
- Berufs- und Familienleben unter einem Dach vereint
- Kinderbetreuung möglich
- vertrautes Umfeld.

Nachteile
- isoliertes Arbeiten
- mangelnder Erfahrungsaustausch
- erschwerte Abgrenzung zwischen Arbeitsplatz und Familienleben
- fehlendes Ambiente
- Verlust von Wohnraum zugunsten von Arbeitsraum
- fremde Menschen im Haus, was für beide Seiten störend sein kann.

Als Alternative zum individuellen Standort prüft die Unternehmerin auch die Möglichkeit, sich in einem der zahlreichen schweizerischen oder regionalen Gründungszentren einzumieten, die ihr während des Starts und Aufbaus ihrer Firma ein stimulierendes Umfeld, die nötige Infrastruktur, gegenseitige Unterstützung und Beratung sowie attraktive Mietkonditionen bieten können.

Büroinfrastruktur

Sobald die Neuunternehmerin den Standort für ihren Arbeitsplatz bestimmt hat, überlegt sie sich die notwendige Infrastruktur. Sie weiss selbst am besten, welche Arbeitsmittel und welches Mobiliar sie zur Ausübung ihrer Tätigkeiten benötigt. Ob neu, als Occasion, gemietet oder geleast: Erst nach Einholen von mehreren Offerten wird sie sich für die passenden Gerätschaften und Einrichtungsgegenstände entscheiden. Beim Start ist es ratsam, eher weniger, dafür gezielt zu investieren und danach Schritt für Schritt «aufzubauen».

Zusätzlich zu den individuellen Arbeitsgeräten gibt es Kommunikationsmittel, die jede Selbständigerwerbende braucht. Zur Basisinfrastruktur gehören ein Telefon mit Anrufbeantworter, ein Telefaxgerät und ein Natel (für Unternehmerinnen, die viel mit dem Auto oder öffentlichen Verkehrsmitteln unterwegs sind). Ebenfalls schon fast ein Muss ist ein Internetanschluss mit E-Mail-Adresse.

Für administrative Belange sind ein Fotokopiergerät, ein Diktier- und Abhörgerät sowie eine gut evaluierte PC-Infrastruktur notwendig (für Korrespondenzen, Buchhaltung, Grafik).

Was die Einrichtung der einzelnen Arbeitsräumlichkeiten anbelangt, ist zwischen notwendigen und wünschenswerten Anschaffungen abzuwägen. Auch hier gilt: Weniger ist oft mehr.

Das Marketingkonzept

Die Art und Qualität, die Breite und Tiefe des Sortiments, die zu erzeugenden Produktmengen oder Dienstleistungsumsätze bestimmen die Ziele eines Unternehmens. Es ist vernünftiger, am Anfang mit einem einfachen Konzept zu beginnen und ein beschränktes Sortiment anzustreben, das harmonisch abgerundet ist und zueinander passt. Ein Marketingkonzept zeigt, dass die Neuunternehmerin die Bedürfnisse ihrer Zielkundschaft kennt, die Bedeutung ihrer Firma im Vergleich zur Konkurrenz geprüft und das Umsatzvolumen abgeschätzt hat.
Damit Neuunternehmerinnen ihre Produkte und Dienstleistungen auf dem Markt nicht nur einmal, sondern langfristig verkaufen können, sind regelmässige Marketingmassnahmen nötig. Das heisst, der Markt muss konsequent und systematisch bearbeitet werden – eine Arbeit, die von kompetenter Seite zu Recht als wichtigste, knallharte unternehmerische Arbeit bezeichnet wird. Jede Marketingmassnahme sollte eine geschickte Kombination (Marketing-Mix) der folgenden vier zur Verfügung stehenden Marketingmittel oder -instrumente beinhalten:

1. Produkt und Sortiment
In diesen Bereich fallen alle Marketingmassnahmen bezüglich Markenname, Markenimage/Verpackung, Präsentation/Styling, Design des Produkts oder der angebotenen Dienstleistung.
Klar definiert sein sollte auch die Sortiments-, Produkte- und Dienstleistungspalette bezüglich Zahl der einzelnen Artikel oder Dienstleistungen innerhalb einer Artikelgruppe oder des Dienstleistungsangebots, der Qualität/Serviceleistungen.

2. Preis

Der Preis ist ein wichtiges Marketingmittel. Die entscheidenden Faktoren sind die Preisgestaltung (Höhe, Preisabsprachen, Preisangaben, Rabatte, Aktionen, Margen) sowie die Zahlungskonditionen (Zahlungsfristen, Skonto, Kreditkarten, Ratenzahlungen, Miete/Kauf-Möglichkeiten).

3. Kommunikation

Im Bereich der Kommunikation stehen zahlreiche Marketingmittel zur Verfügung.

- Verkaufsstil:
  Auftreten, Verkaufsargumente, Offertwesen, Öffnungszeiten Büro, Laden, Werkstatt
- Verkaufsart:
  Persönlicher Verkauf, Verkauf durch Dritte, Selbstbedienung, elektronische Medien
- Kontakte mit der Kundschaft:
  Häufigkeit, Art der Kontaktaufnahme, Kontakt- und Beziehungspflege
- Verkaufsorganisation:
  Interner/externer Organisationsaufbau, Gebietsaufteilung
- Verkaufsförderung durch:
  Präsentation der Produkte/Dienstleistungen (Platzierung, Displays)
  Zusatzinformationen (Verkaufsunterlagen, Infobroschüren)
  Preisnachlässe (Sonderangebote, Zugaben, Gratismuster)
  Aktivitäten (Demonstrationen, Degustationen, Ausstellungen)
- Werbung durch:
  Erscheinungsbild (Slogan, Logo, Stil, Image)

Werbemedien (Presse, Printmedien, audiovisuelle Medien, Aussenmedien u.a.m.)
- Öffentlichkeitsarbeit durch:
Kontakt zur Regionalpresse
öffentliche Anlässe, Meetings
Vorträge, Seminare, Kurse
Lobbying

4. Vertrieb
Marketingmassnahmen kann die Neuunternehmerin auch im Vertrieb ihrer Produkte oder Dienstleistung ergreifen.
- Bezüglich Logistik:
Organisation und Abläufe, Bestellabwicklung
- Bezüglich Lager:
Organisation, Lagerhaltung, Lieferbereitschaft, Lieferfristen
- Bezüglich Spedition:
Vertriebsart wie Auto, Bahn, Post, Velokurier, Bote, Abholdienst
- Bezüglich Distributionsart:
Direkt mit eigenen Kanälen wie Direktverkauf, Versand, Lagerverkauf oder indirekt mit fremden Kanälen wie Gross- und Detailhandel, Fachhandel

Für jeden Bereich des Marketing-Mix sollten die Massnahmen klar festgelegt (am besten schriftlich!) und in einem Zeitplan terminiert werden. Die Neuunternehmerinnen werden sich auf diejenigen Strategien beschränken müssen, die sie sich leisten können und von denen sie auf längere Zeit hinaus den grössten Nutzen erwarten.

Marketingstrategien

Corporate Identity (Firmenleitbild)
Hinter dem Begriff «Corporate Identity» verbirgt sich das unverwechselbare Gesicht einer Firma, in welchem Unternehmenskultur, Unternehmenskommunikation und Unternehmenserscheinung eine Einheit bilden. Erst wenn die drei Begriffe harmonisch aufeinander abgestimmt sind, wird das Unternehmen in seiner Eigenständigkeit auch wahrgenommen.
Weil das Firmenbild gerade für eine Kleinunternehmerin ein wichtiges Werbemittel ist, wird sie sich frühzeitig überlegen müssen, was sie anzubieten hat beziehungsweise welcher Terminus zu ihrem Markenzeichen gehört. Je nach Branche wird sie den passenden Begriff in ihre Unternehmensphilosophie einbringen wie: «Zuverlässigkeit» (private Pflegerin), «Geschwindigkeit» (Express-Transporte, Taxidienste, Velokurier), «Vitalität» (Fitness-/ Wellness-Trainerin, Tanz-/Sportlehrerin), «Gesundheit» (Ernährungsberaterin, Kinesiologin, Therapie-Anbieterin), «Beratung» (Marktforscherin, Supervisorin, Coaching), «Handwerkliches» (Kunstglaserin, Schreinerin, Malerin), «Einzelhandel» (Secondhand, Boutique, Buchladen), «Exaktheit» (Treuhänderin, Buchhalterin), «Kreativität» (Dekorateurin, Grafikerin, Web-Designerin), «Technologie» (Informatikerin, EDV-Spezialistin) oder «Gastfreundlichkeit» (Wirtin, Hotelfachfrau, Party-Service). Das Leitbild ergibt sich aus der persönlichen Kultur jeder Neuunternehmerin. Ihr Firmenname sollte die ganze Unternehmensphilosophie auf einen Blick zum Ausdruck bringen.
Mit welcher Kommunikationsform die Neuunternehmerin ihre Kundschaft, Lieferanten und die Öffentlichkeit auch zu erreichen wünscht: Sie wird mit Werbung und

Public Relations (PR) versuchen müssen, ihr Zielpublikum zu gewinnen.
Welches Marketingbudget sie hierfür einsetzen will, hängt von ihren finanziellen Möglichkeiten und Zielsetzungen ab. Vor übertriebenen und voreilig getroffenen Massnahmen wird gewarnt. Mit kreativen Ideen und innovativer Fantasie kann sehr viel Geld gespart werden – im steten Bewusstsein: Kosten und Nutzen müssen übereinstimmen.

Werbeträger und Werbemittel
- Inserate (Auflagen, Erscheinungshäufigkeit, Reichweite und Preise abklären)
- Visitenkärtchen (nicht nur jederzeit vorrätig haben, sondern auch Ehemann, Partner, Partnerin, Freundinnen, Verwandte und Bekannte als Referenzpersonen grosszügig damit bestücken!)
- Drucksachen, Flyers, Firmenporträts, Korrespondenzpapiere (auf einheitliche Wirkung von Text, Schriftzug, Grafik, Logo und Farbe achten)
- Eintrag in Branchenbüchern und Internetdatenbanken (aufgepasst: keinen Eintrag ohne vorherige Zustimmung bezahlen! Kosten und Nutzen sind vor dem Eintrag gegeneinander abzuwägen)
- Internet- und E-Mail-Adresse
- Firmensignet resp. Logo auf Fahrzeug, Briefkastenschild, Shirts, Pins, Geschenkartikel
- Dekoration und Beschriftung von Schaufenstern
- Design auf Verpackungen
- Lokaler/regionaler Plakataushang (zum Beispiel beim Tramhäuschen)
- Prospektaktionen
- Tram-/Busplakate
- Spots in Lokal- und Regionalradios

- Eingesandte Eigenwerbung in Lokalanzeigern
- Referenzliste mit Namen von Sponsoren, Kundinnen und Kunden (wichtig: vorher Zustimmung einholen!).

Öffentlichkeitsarbeit/PR
Wenn eine Neuunternehmerin die Öffentlichkeitsarbeit liebt, eröffnen sich ihr ungeahnte Kommunikationsgelegenheiten, die sie im Kontakt mit möglichen Kunden, Käuferinnen oder ansprechbaren Personen als Marketingmassnahme und Werbestrategie unbedingt nutzen sollte. Gemäss der Devise, jedes Gespräch ist so gut wie das Gefühl, das bei potenziellen Kunden zurückbleibt, nimmt sie das Gespräch überall auf, wo es sich ergibt: im Wartezimmer, im Zug oder Flugzeug, im Restaurant, im Bekanntenkreis, bei einer Vernissage, einem Kurs oder Meeting. Es gibt unzählige Gelegenheiten, interessante Leute kennen zu lernen. Nirgendwo anders als in der offenen Kommunikation kommen das Marketing, die Philosophie und die Geisteshaltung einer Neuunternehmerin besser zum Tragen.
Im Wissen, dass das Gespräch eine besondere Art von Dienstleistung ist, die auch mit bescheidenstem Portemonnaie bewerkstelligt werden kann, werden einige Möglichkeiten aufgelistet, welche die PR-Arbeit zum wahren Genuss werden lassen. Sobald die Neuunternehmerin einmal erlebt, wie sie im Dialog ihr Gegenüber mit ein bisschen Magie «verführen» und das Interesse auf ihre Arbeit lenken kann, wird ihr diese Strategie viel Vergnügen bereiten. Intuitiv wird sie die Bedürfnisse ihrer Gesprächspartnerinnen und -partner erfassen, bevor sie ausgesprochen worden sind. Mit Freude wird sie sich vorstellen und über ihre Arbeit sprechen. Sei dies zum Beispiel
- anlässlich der offiziellen Geschäftseröffnung, beim Eröffnungsapéro (nicht zu lange warten!)

- an Tagen und Nächten der offenen Tür
- an Arbeitsplatzvorstellungen
- an regelmässigen Geschäftsapéros oder Jubiläumseinladungen
- bei persönlichen Einladungen zu Kaffee und Kuchen (Gastlichkeit lohnt sich immer!)
- per E-Mail (elektronisches Medium zum Informationsaustausch, für E-Commerce und als Akquisitionsstrategie nützen)
- an Fachmessen, Marktständen oder Foren
- mit originellem Telefonmarketing (Kundennutzen fängt beim ersten Telefon an!)
- mit Direct-Mailings, Versand von Werbeschreiben und Flugblättern, mit gezielten Spezialangeboten an Personengruppen mit anschliessendem Nachfassen und Vereinbaren von Gesprächsterminen
- beim Überbringen eines kleinen Präsentes (Geburtstage und Liebhabereien von Kunden und Kundinnen können eruiert und in kreative Aktionen umgesetzt werden)
- mit Akquisitionsschreiben, in denen die Einmaligkeit der Dienstleistung oder des Produktes verbal und visuell geschickt hervorgehoben wird
- mit regelmässigen Berichterstattungen über das Geschäft (wenn nötig professionell texten und gestalten lassen)
- mit der Sendung von persönlichen Weihnachts- und Neujahrsbotschaften an potenzielle und effektive Auftraggeber und Kundinnen (gemäss Kundendatei)
- beim Besuch von öffentlichen Anlässen
- an Ausstellungen und Vernissagen in den eigenen Geschäftsräumlichkeiten
- gemeinsam mit ideellen Sponsoren, die keine kommerziellen Ansprüche haben
- bei Anlässen, die für fremde Personen organisiert wer-

den (Wettbewerbe, Theateraufführungen, Spiele, Referate, Meetings, Vorlesungen etc.)
- bei Begegnungen oder beim Besuch von Weiterbildungsprogrammen mit Unternehmerinnen und Unternehmern aus anderen Branchen.

Erscheinungsbild
Wie auch immer sich die Neuunternehmerin präsentiert: Der erste Eindruck spielt oft eine entscheidende Rolle. Diesem Umstand ist besonders Rechnung zu tragen, wenn aus finanziellen Gründen auf Werbekampagnen verzichtet werden muss.
Je öffentlicher die Geschäftstätigkeiten einer Neuunternehmerin sind, desto mehr wird sie sich mit der Gestaltung ihrer öffentlichen Unterlagen (Briefpapiere, Visitenkarten, Kuverts, Prospekte, Flyers etc.) beschäftigen müssen. Auch hier soll die Persönlichkeit des Unternehmens mit eigenständiger Identität und die Einmaligkeit ihrer Dienstleistung oder ihres Produkts sofort erkenntlich sein. Damit sie dieser anspruchsvollen Aufgabe gerecht werden kann, sollte sie gleich von Beginn weg mit Fachleuten ein einheitliches Konzept erarbeiten. Denn nicht nur ihre Unternehmensphilosophie, sondern auch grafische Elemente müssen konsequent visuell umgesetzt werden. Und dies nicht nur für ein Jahr: Das Erscheinungsbild muss auch langfristig der geplanten Unternehmensentwicklung entsprechen. Die Gestaltungsmöglichkeiten, Texte, Honorare und Produktionskosten sind mit Grafikfachleuten, Textschaffenden oder Werbeprofis zu besprechen, die bereit sind, auf die Wünsche von Kleinbetrieben einzugehen, und mit Farben, Typografien, Schriftzügen, Signeten oder Logos, Beschriftungen und Materialien umzugehen wissen. Ob E-Mail, Telefax oder Brief: Textinhalt und Präsentation müssen als Ganzes wirken.

Kundschaft finden – Kundschaft binden

Mit welchen Werbe- oder PR-Mitteln eine Neuunternehmerin auch kommuniziert: Ihrem Ideenreichtum und ihrer Originalität sind keine Grenzen gesetzt. Je bunter, umso erfolgreicher! Beim Finden von Kundinnen und Kunden sollte ihr jedoch stets bewusst sein, dass die eigene Persönlichkeit die beste Werbeträgerin ist und die Mund-zu-Mund-Propaganda das effektvollste Werbeinstrument bleibt!
Jede Unternehmerin wird ständig darauf bedacht sein, ihre Kundin und ihren Kunden zur Zufriedenheit zu bedienen, damit sie sie weiterempfehlen, sie wieder bestellen oder zur Stammkundschaft gehören. Sie weiss, was ihre Kundschaft wünscht. Trotz aller Zuvorkommenheit und Freundlichkeit wird sie sich vor Gefälligkeitskunden hüten. Am besten bemüht sie sich um Kundinnen und Kunden, die sie wirklich will.
Kundschaft zu finden, ist die eine Sache – Kundschaft zu binden die andere. Verständnis und Vertrauen zwischen Auftraggeberin und Auftragnehmerin aufbauen, ist ein bedeutender, oft langwieriger Prozess. Nicht von ungefähr bietet NEFU in der Reihe Persönlichkeitsentwicklung einen Workshop unter dem Titel «Beziehungspflege – Die Grundlage für Kundenbindung und Networking» an. Sobald wir Kunden an uns binden wollen, reicht Sympathie allein nicht mehr aus. Dies erfährt jede Neuunternehmerin früher oder später. Es braucht mehr: Es braucht enorm viel Beziehungsarbeit. Die Unternehmerin im Kleinbetrieb vermittelt mit ihrer Zuwendung zur Kundschaft Sicherheit, schafft Vertrauen und gilt als verlässlich. Kontinuierliche Beziehungspflege ist gefragt. In diese Art von Arbeit kann man hineinwachsen, oder man kann sie lernen. Im direkten oder indirekten Kontakt mit Kunden und Kundinnen.

Kundschaftspflege

Stammkunden
Die Neuunternehmerin erfährt bald, dass neue Kundschaft teuer, Stammkundschaft billiger ist. Sie wird deshalb alles daransetzen, aus neuen Kunden zufriedene Stammkunden zu machen. Die richtige Offerte und die richtige Adressenliste sind die wichtigsten Erfolgsfaktoren für das direkte Marketing. Für jeden Produktnutzen einen eigenen Kundenkreis zu finden, ist die Chance des Direktmarketings.

Datei/Kartei für Stammkundschaft
Das Erstellen einer Kundendatei ist konsequente Fleissarbeit, die sich am einfachsten am PC ausführen lässt. Denn sukzessiv kommen immer mehr Namen und ergänzende Informationen hinzu. Es wird empfohlen, mit dieser Arbeit zu beginnen, wenn der Adressenbestand noch klein ist. Die Datei gibt Auskunft: Wie sind die Akquisitionsgespräche verlaufen? Welche Dienstleistung oder welches Zubehör benötigt der Kunde oder die Kundin? Welche Leistung oder Anschaffung zieht logisch welche andere nach sich? Wann ist die vom Kunden oder der Kundin zuletzt gekaufte Ware aufgebraucht oder veraltet, wann ist also Ersatzbedarf fällig? Wann erfolgte die letzte Bestellung oder Beratung, die eine neue nach sich ziehen könnte? Welche Kunden haben eine Gratisleistung oder Treueprämie verdient?
Nebst der EDV-Datenbank ist es ratsam, eine Kundenkartei aufzubauen, in welcher persönliche Dinge wie Geburtstage und Hobbies notiert und schnell nachgeschlagen werden können.

Kontakte zu alten Kundinnen und Kunden
Die Stammkundschaft freut sich auf regelmässige und persönlich formulierte Informationen über neue Entwicklungen, die unmittelbar das Angebot betreffen, über neue Produkte und Dienstleistungen. Per Brief oder Telefon ist auf Aktualitäten und Spezialitäten hinzuweisen.

Extras für neue Kundinnen und Kunden
Neu gewonnene Kunden reagieren sensibler als Stammkunden. Sie registrieren gute Leistungen – aber auch Enttäuschungen – besonders aufmerksam. Hier sollte die Neuunternehmerin die Gelegenheit packen und zeigen, dass sie die neue Kundin als Partnerin, den neuen Kunden als Partner schätzt. Wie sie dies tut, ist wiederum ihrer Fantasie überlassen.

Rechtsformen

Welche Rechtsform für welches Unternehmen?

Für welche Rechtsform sich die zukünftige Unternehmerin auch entscheidet: Es empfiehlt sich in jedem Fall, sich vor der Geschäftsgründung von einer versierten Fachperson (UnternehmensberaterIn, TreuhänderIn, Anwaltsperson) über die Möglichkeiten beraten zu lassen. Da jede Unternehmensform ihre Vor- und Nachteile aufweist, lassen sich diese nur beschränkt verallgemeinern.

Weil in der einschlägigen Literatur und im Obligationenrecht ausführliche Angaben zu den einzelnen Rechtsformen zu finden sind, soll hier nur auf die bei NEFU am häufigsten vorkommenden Unternehmensformen eingegangen werden, die auch für Neuunternehmerinnen relevant sein können. Nachstehend sind die wesentlichen Merkmale aufgeführt.

Grundsätzlich muss die Neuunternehmerin zwischen einer Personengesellschaft (Einzelunternehmung, Kollektivgesellschaft) und Kapitalgesellschaft (AG, GmbH) unterscheiden und sich für eine Form entscheiden. Es muss sorgfältig überlegt werden, ob schon von Anfang an eine Kapitalgesellschaft gegründet werden soll. Dieser Weg braucht mehr Kapital und benötigt mehr Beratung in der Startphase. Der spätere Wechsel von einer Personengesellschaft zu einer Kapitalgesellschaft ist erneut mit Aufwand und Kosten verbunden.

Die Einzelunternehmung

Merkmale
- Einfachste und häufigste Form eines Kleinbetriebes
- Kostengünstige, formlose Gründung
- Keine Mindestkapitalvorschriften
- Einfache Umwandlung in Kapitalgesellschaft möglich (AG, GmbH)
- Bei der Einzelfirma muss der eigene Name erwähnt sein, verheiratete Frauen müssen ihren Vornamen ausschreiben
- Die Einzelunternehmerin versteuert ihr Privat- und Geschäftseinkommen sowie ihr Privat- und Geschäftsvermögen nicht getrennt, sondern als Ganzes
- Grosses Risiko, da Haftung mit persönlichem Vermögen
- Leichte Liquidation
- Bis 100'000 Franken Jahresumsatz fakultativer Eintrag ins kantonale Handelsregister (HR), danach obligatorisch (Handelsregisteramt gibt klar Auskunft)
- Abzuklären ist die Anmeldung bei der Mehrwertsteuer

HR-Eintrag
- Geringfügige Eintragungskosten
- Der Eintrag und die Geschäftseröffnung werden amtlich publiziert
- Die Tätigkeit der Einzelunternehmerin muss deklariert werden
- Der Firmenname ist geschützt
- Buchführungspflicht, Pflicht zur Aufbewahrung der Geschäftsunterlagen
- Alleinige Verantwortung
- Betreibung auf Konkurs statt auf Pfändung
- Erhöhte Kreditwürdigkeit bei Banken.

Sozialversicherungen
- Alters- und Hinterlassenenversicherung, Invalidenversicherung, Erwerbslosenentschädigung (AHV/IV/EO) (Zuständigkeit: Gemeinde-, Kantons- und Verbandsausgleichskassen)
Anerkennung: Die Gründerin/Inhaberin einer Einzelunternehmung wird von der AHV erst als Selbständigerwerbende anerkannt, wenn sie belegen kann, dass sie das eigene wirtschaftliche Risiko trägt, bedeutende Investitionen tätigt, die Geschäftskosten und -verluste übernimmt, nicht nur für eine einzige Kundin da ist bzw. ihren ehemaligen Arbeitgeber bedient (Gefahr beim Outsourcing), eigene Geschäftsräume benützt und nicht an Weisungen von Dritten gebunden ist.
Abrechnung: Der geschuldete AHV-Beitrag wird aufgrund des Nettoerwerbseinkommens (erzielter Umsatz abzüglich Unkosten/Abschreibungen) ermittelt.
Anmeldung: Die Anmeldung erfolgt ab Beginn selbständiger Erwerbstätigkeit (inkl. allfälliges Personal) bei der kantonalen Ausgleichskasse (über die AHV-Gemeindezweigstelle) oder bei der Ausgleichskasse des Branchenverbands.
- **Arbeitslosenversicherung (ALV):** Die Einzelunternehmerin kann sich nicht gegen Arbeitslosigkeit versichern.
- **Bundesgesetz über die Berufliche Alters-, Hinterlassenen- und Invalidenvorsorge (BVG):** Die Einzelunternehmerin kann sich ihr Freizügigkeitskapital, das sie als Arbeitnehmerin angespart hat, bar auszahlen lassen. Die persönliche Vorsorge ist freiwillig.
- **Unfallversicherungsgesetz (UVG):** Eine Unfallversicherung ist für die Einzelunternehmerin nicht obligatorisch, sie kann sich freiwillig versichern lassen. Gewisse Betriebe unterstehen der SUVA.

Will die Neuunternehmerin mit einer Partnerin oder einem Partner selbständig werden, empfiehlt sich die Kollektivgesellschaft (Natürliche Personen/Personengesellschaft). Diese Rechtsform dient oft für viele Jahre oder sogar für ein ganzes Erwerbsleben. Es empfiehlt sich, das Gesellschaftsverhältnis in einem schriftlichen Vertrag festzulegen, insbesondere bezüglich Kompetenzen und Funktionen der einzelnen GesellschafterInnen wie auch arbeitsvertragliche Bestimmungen. Im Übrigen gelten in etwa die gleichen Bestimmungen wie bei der Einzelfirma.

Die Aktiengesellschaft

Merkmale
- An der Gründung müssen sich mindestens drei Leute beteiligen, danach «Einfrau-AG» möglich
- Aufwändige Gründungsformalitäten und hohe einmalige Gründungskosten
- Öffentliche Beurkundung (mit Statuten und Gründungsurkunde)
- Gründung nur durch Eintrag ins Handelsregister möglich: An Kapital sind mindestens Fr. 100'000.– einzubringen. 20 Prozent des Aktienkapitals, mindestens aber Fr. 50'000.– sind einzubezahlen
- Weil der Firmenname frei gewählt werden kann und der Eintrag keine Angaben über die Gründerpersonen enthalten muss, wird der Wunsch nach Anonymität gewahrt
- Vorteile bei späteren Änderungen der Besitzanteile
- Günstige Finanzierungsmöglichkeiten durch Streuung von Aktien an Dritte
- Steuererhebung auf dem Ertrag und dem Kapital der Gesellschaft
- Wirtschaftliche Doppelbesteuerung

- Beschränkte Haftung (nur mit Gesellschaftsvermögen)
- Verwaltungsrat (Verantwortlichkeit) und Revisionsstelle notwendig (Prüfung Jahresrechnung)
- Jährliche Abhaltung einer Generalversammlung
- Formalitäten bei der Liquidation
- Abzuklären ist die Anmeldung bei der Mehrwertsteuer

Sozialversicherungen
- AHV/IV/EO
  Anerkennung: Die Gründerin/Inhaberin einer Aktiengesellschaft wird von der AHV nicht als Selbständigerwerbende, sondern als Unselbständigerwerbende, d. h. als mitarbeitende Aktionärin, anerkannt. Sie hat die AHV nur auf dem Bruttolohn zu entrichten. Als mitarbeitende Aktionärin ist sie obligatorisch versichert (gesicherte Sozialleistungen).
  Anmeldung: Alle mitarbeitenden Personen sind bei der AHV-Ausgleichskasse anzumelden.
- ALV: Alle mitarbeitenden Personen sind nach ALV versichert.
- BVG: Alle mitarbeitenden Personen unterstehen dem BVG.
- UVG: Eine Grundversicherung ist nach UVG obligatorisch.

Die Gesellschaft mit beschränkter Haftung (GmbH)

Merkmale
- An der Gründung müssen sich mindestens zwei Leute (GesellschafterInnen) beteiligen, danach Einfrau-GmbH möglich
- Wenig Formvorschriften
- Gründung nur durch Eintrag ins Handelsregister möglich. Es ist nur ein kleines Grundkapital erforderlich

(Fr. 20'000.-); davon sind mindestens Fr. 10'000.- einzubezahlen
- Öffentliche Beurkundung (mit Statuten und Gründungsurkunde)
- Weil die Organe, das Gesellschaftskapital und die Stammeinlage jedes Gesellschafters/jeder Gesellschafterin im Handelsregister eingetragen werden, wird der Wunsch nach Anonymität nicht erfüllt
- Beschränkte Entwicklungsmöglichkeiten (Stammkapital auf 2 Mio. Franken begrenzt)
- Träger Handel und Übertrag von Stammanteilen (öffentliche Beurkundung)
- Wirtschaftliche Doppelbesteuerung
- Beschränkte Haftung (GmbH haftet mit Gesellschaftsvermögen)
- Eventuell Nachschussverpflichtung seitens der GesellschafterInnen gemäss Statuten
- Kein Verwaltungsrat und keine Revisionsstelle notwendig
- GesellschafterInnen sind in der Regel auch GeschäftsführerInnen
- Liquidationskosten höher als Gründungskosten
- Abzuklären ist die Notwendigkeit einer Anmeldung bei der Mehrwertsteuer

Sozialversicherungen
- AHV/IV/EO
  Anerkennung: Die Gründerin/Inhaberin einer GmbH wird von der AHV nicht als Selbständigerwerbende, sondern als mitarbeitende Gesellschafterin anerkannt. Sie hat die AHV nur auf dem Bruttolohn zu entrichten. Als mitarbeitende Gesellschafterin ist sie obligatorisch versichert (gesicherte Sozialleistungen).
- ALV: Die mitarbeitende Gesellschafterin ist nach ALV versichert.

- BVG: Die mitarbeitende Gesellschafterin untersteht dem BVG.
- UVG: Eine Grundversicherung nach UVG ist obligatorisch.

Empfehlungen betreffend Versicherungen und Steuern

Weil der Beitritt zu oben erwähnten Sozialversicherungen je nach Rechtsform obligatorisch oder freiwillig ist, könnten beim Wechsel vom Angestelltendasein in die Selbständigkeit gewisse Deckungslücken entstehen. Dies kann bei der Altersvorsorge der Fall sein, aber auch die Kranken- und Unfalltaggeldversicherung betreffen. Deshalb wird eine unverbindliche Beratung und Überprüfung durch unabhängige Versicherungsfachleute, die auf Firmengründungen spezialisiert sind, sehr empfohlen. Für den Vergleich sind mehrere Konkurrenzofferten einzuholen. Informationen über Versicherungslösungen können auch beim Berufsverband angefordert werden.
Wenn es um Versicherungsfragen geht, darf man die Sach- und Haftpflichtversicherungsleistungen für das Unternehmen nicht vergessen; je nachdem ist noch an weitere Versicherungen zu denken. Beim Start ist jedoch grosse Vorsicht geboten: Kein zu grosses Budget für Versicherungen vorsehen und nicht zu Tode versichern! Primär Risikobedarf versichern und sekundär Altersvorsorge aufbauen, zum Beispiel über freiwillige Beiträge an 3. Säule.
Steuerliche Fragen (Optimierung, Mehrwertsteuer) und anstehende Probleme sind mit Vorteil mit zuständigen Steuerbeamtinnen, Steuerexperten oder Treuhänderinnen zu besprechen, die grosse Erfahrungen mit der Gründung von Kleinunternehmen haben und deshalb auch gute Lösungen anbieten können.

Finanzen

Das Finanzierungskonzept

Wenn wir den Statistiken Glauben schenken, haben viele neu gegründete Unternehmungen nicht einmal die Gründungsphase überlebt. Eine ungenügende Finanzplanung mag einer der Gründe dafür sein. Es wird vielerorts verkannt, dass in der ersten Geschäftsphase nur von Ausgaben auszugehen ist, in einer zweiten Phase mit vorsichtig optimistischen Einnahmen zu rechnen ist und erst in einer dritten Phase der erhoffte Umsatz budgetiert werden kann.
Damit der Schritt in die selbständige Erwerbstätigkeit erfolgreich realisiert werden kann, wird der Neuunternehmerin empfohlen, die finanziellen Mittel frühzeitig zu planen und bereitzustellen. Indem sie sich mit Geld und Zahlen gründlich auseinander setzt und ein auf ihre individuelle Situation angepasstes Finanzierungskonzept erstellt, hat sie auch gleich den Kern eines Businessplans vorbereitet.
Das Finanzierungskonzept gibt Antworten auf die Fragen:
- Wie viel Kapital benötige ich?
  Einmalige Startkosten bei der Firmengründung: Gründungskosten, Einrichtekosten, Einführungskosten mit Werbung etc.
  Empfehlung: ein angemessenes Eigenkapital selber einbringen, sei dies durch Auflösung von Sparguthaben, Versicherungspolicen etc., Bezug von Säule-3a-Geldern oder von Pensionskassengeldern u. a. m.
  (Finanzbedarf = Soll/Ist-Vergleich für das Gründungsjahr aufstellen)
- Wie hoch sind meine Fixkosten, Ausgaben und Einnahmen?

Aufwände, Erträge und Investitionen sind mittelfristig im Voraus abzuschätzen resp. zu budgetieren
- Wie stelle ich meine Zahlungsfähigkeit sicher?
Liquiditätsrechnung mit benötigtem Einkommen für Lebensunterhalt anstellen, bis Geschäft läuft. Meist dauert die Startphase länger als geplant, so dass sich der «Durchbruch» verzögert
- Wie finanziere ich die Betriebskosten meines Geschäfts?
Finanzbedarf für Geschäftsbetrieb ermitteln
- Welches Vermögen und welche Schulden hat mein Geschäft?
Wichtig für die Eröffnungsbilanz; Umlauf- und Anlagevermögen erfassen

Preisermittlung für Dienstleistungen
Damit der Finanzbedarf für das Gründungsjahr bzw. der jährliche Soll-Umsatz berechnet werden kann, sind die Stunden- oder Tageshonorare zu ermitteln. Vielen Neuunternehmerinnen fällt es schwer, sich zu verkaufen und für ihre Arbeit einen leistungsgerechten Preis zu verlangen. Weil sie nicht gelernt haben, ihre eigene Leistung wertmässig zu beurteilen, glauben sie, in der Startphase den Ansatz tief halten zu müssen, um Aufträge zu erhalten und Kundschaft zu gewinnen. Sie vergessen dabei, dass nicht nur in einem Produktpreis, sondern auch in einem Dienstleistungshonorar jeder Kostenfaktor der Firma anteilsmässig enthalten sein muss.
Es gibt verschiedene Arten, den Preis für Dienstleistungen zu ermitteln. Leider werden in der einschlägigen Literatur praktisch keine Beispiele zur Honorarstellung zitiert, obwohl sich für jede Neuunternehmerin diese Frage immer wieder stellt. Zu Recht möchte sie wissen, welche Leistungskomponenten sie in ihren Honorarsatz einbeziehen muss, damit ihr Geschäft gleich von Anfang an auf einer gesunden Basis aufgebaut werden kann. Zu

Recht möchte sie als Unternehmerin ernst genommen und nicht als so genannte Hobby-Werkerin beurteilt werden.

Um einen durchschnittlichen Monatsumsatz zu berechnen, wird der jährliche Soll-Umsatz durch neun Monate dividiert. Auch wenn es sich die Neuunternehmerin im ersten Jahr kaum leisten kann, wird sie für Ferien, Weiterbildungskurse, Abwesenheiten und eventuelle Krankheiten drei Monate freihalten müssen. Umso mehr, weil sie als Unternehmerin nicht nur für eine kurze Zeitspanne, sondern mittelfristig budgetieren muss.

Um den Stundenansatz zu berechnen, sind die produktiven bzw. direkt verrechenbaren Stunden zu ermitteln, die im Durchschnitt pro Monat geleistet werden können. Allgemeine Büroarbeiten, das Kreieren von Ideen und Entwickeln von Visionen werden beispielsweise als unproduktive Stunden bezeichnet.

Ob bei der Ermittlung von 50 Prozent produktiver Zeit ausgegangen werden kann (Beispiel: Bedingt durch Familienarbeit kann eine Werbefachfrau nur ein 50-prozentiges Arbeitspensum pro Woche, das heisst 20 Wochenstunden bewältigen) oder eine 80- bis 90-prozentige Produktivität pro Monat erreicht werden muss, hängt vom Aufgabenbereich und den Gegebenheiten einer jeden einzelnen Unternehmerin ab.

Honorarberechnung
Das Rechnungsbeispiel ist mit freundlicher Genehmigung der Autorin dem Buch «Lust am Unternehmen» von Sonja Winter entnommen.
Soll-Umsatz für ein Jahr: Fr. 90'000.–
40-Stunden-Woche, davon 20 Stunden produktive Zeit, ergibt durchschnittlich 80 produktive Stunden pro Monat
Fr. 90'000.– : 9 Monate = Fr. 10'000.– pro Monat
Fr. 10'000.– : 80 Stunden = Fr. 125.– pro Stunde

Mit anderen Worten: Bei diesem Beispiel müssen mindestens Fr. 125.– pro verrechenbare Stunde verlangt werden. Selbstverständlich hängt die Berechnung von der jeweiligen Dienstleistung ab. Wenn eine Neuunternehmerin aufgrund ihrer Marktforschung erkennt, dass ihr Stundenhonorar nicht den branchenüblichen Ansätzen entspricht, muss sie die geschätzte produktive Zeit noch einmal überprüfen. Oder sie kann für unterschiedliche Leistungsangebote auch verschiedene Honorare verlangen, ein Vorgehen, das sich in der Praxis immer wieder bewährt. Eine «springende» Sekretärin wird für Übersetzungen, Fremdsprachenkorrespondenzen, Protokollführungen, Berichterstattungen, Konzept- und Projektarbeiten höhere Honorare verlangen, für einfachere Schreiben und reine Textverarbeitungen werden tiefere Tarife in Rechnung gestellt. Weil die Kundschaft eine transparent gehaltene Preispolitik schätzt, empfiehlt es sich, die einzelnen Abstufungen in einer jährlich aktualisierten Tarifliste festzuhalten. Jede Neuunternehmerin tut gut daran, den Preis nicht nach Lust und Laune abzuändern, sondern zum unterbreiteten Preis zu stehen.

Nur wenn im Honorar von Anfang an ein Gewinn mit einkalkuliert ist und eine im Voraus geschätzte Anzahl von Aufträgen nach Aufwand verrechnet werden kann, ist der erhoffte Umsatz zu erreichen.

Preisermittlung für Produkte
Verkauft eine Neuunternehmerin Produkte, muss sie den Preis dafür genau kalkulieren. Dieser sollte jedoch immer in Relation zum Konkurrenzprodukt stehen. Die Marktanalyse sagt aus, wo und zu welchem Preis ein gleiches oder ähnliches Produkt angeboten wird und wo die Qualitäts- oder Wertunterschiede liegen. Bei der Preisermittlung für Produkte sind die folgenden Faktoren mit einzubeziehen:

- Einkaufspreis
- Produktion oder Leistung des Geschäfts (Selbstkosten)
- Marketing: Werbung, Verkauf, Logistik (Selbstkosten)
- Gewinnzuschlag (Marge)
- bei Spezialanfertigungen oder Sonderleistungen: Mehrkostenzuschlag

Wie in der Preisermittlung für Dienstleistungen beschrieben, macht sich auch beim Produktverkauf eine transparent gehaltene Preispolitik bezahlt. Mögliche Preisdifferenzen zu einem gleichwertigen Produkt müssen für die Kunden ersichtlich und nachvollziehbar sein; etwa aufgrund einer schnelleren Serviceleistung, einer längeren Garantiedauer oder mit der Verwendung wertvoller Materialien. Vor einer Dumpingpreispolitik wird in jedem Fall gewarnt: Der Preis, der aufgrund der Kalkulation benötigt wird, ist von Anfang an zu verlangen. Andernfalls sind geschäftliche Verluste vorprogrammiert.

Der Businessplan

Sofern das zur Verfügung stehende Eigenkapital für den Start in die selbständige Erwerbstätigkeit und damit grössere Unabhängigkeit nicht ausreicht, ist eine Fremdfinanzierung erforderlich. Eine solche ist möglich durch private Darlehen von Verwandten, Freundinnen und Bekannten oder mittels Wirtschaftsförderungsprogrammen, der Hilfe von Business Angels (vermögende Unternehmerinnen oder Unternehmer, die am Aufbau von Unternehmen interessiert sind), Beteiligungsgesellschaften oder Banken.

Die Fremdfinanzierung von Banken stellt hohe Forderungen an das Projekt der selbständigen Erwerbstätigkeit.

Vorteilhaft ist, wenn vor dem Kreditantrag die benötigten Informationen bei den potenziellen Geldgebern und Sachbearbeitern abgefragt werden. Diese müssen dann auch im Businessplan enthalten sein, welcher als Verhandlungsgrundlage dient. Dass der Inhalt glaubwürdig, klar formuliert und übersichtlich gestaltet ist, wird grundsätzlich vorausgesetzt. Für die Beurteilung von zukünftigen Neuunternehmen zählen Ehrlichkeit, Integrität und ihr Know-how. Chancen haben Ideen, die wirklich gut sind und verkauft werden können.

Ein Businessplan lässt sich allein oder in Begleitung von spezialisierten Fachpersonen erstellen. Für die Beantragung von Bankkrediten können entsprechend vorbereitete Formulare bezogen werden.

Auch wenn er nicht benötigt wird, verhilft ein Businessplan in jedem Fall, die eigenen Aktivitäten zu überblicken. Dies sollte nicht nur in der Startphase, sondern regelmässig geschehen.

Ein realistischer Businessplan braucht eine logische inhaltliche Gliederung. Dabei hat die Neuunternehmerin – wenn nicht anders verlangt – folgende Punkte zu berücksichtigen:

- Titelblatt mit ihrem Namen und Adresse (wenn bekannt, mit Name der Empfängerin oder des Empfängers)
- Angaben zur Geschäftsidee, zu Dienstleistungen/Produkten, die sie mit ihrer Firma erbringen will
- Angaben zu ihrer Person
- Darstellung ihrer Firma
- Unterschiede ihrer eigenen Dienstleistungen/Produkte gegenüber der Konkurrenz
- Generelle Marktübersicht
- Analyse der Konkurrenz und Abgrenzungsmöglichkeiten der eigenen Firma
- Marketingmittel und Akquisitionsstrategien, die sie für

den Verkauf der eigenen Dienstleistungen/Produkte einsetzen will
- Firmenorganisation und -management
- Angaben zu Standort/Infrastruktur der Dienstleistungen/Produkte ihres Unternehmens
- Mögliche Gefahren unternehmerischer Risiken und entsprechende Abwehrmöglichkeiten
- Längerfristige Planung für Finanzen und Kapital
- Beilagen mit zusätzlichen oder ergänzenden Informationen (HR-Auszug etc.)

Arbeitsorganisation

Buchführung – eine Sache für sich

Es empfiehlt sich in jedem Fall, die Buchhaltungseinrichtung noch vor dem Start zusammen mit einer Fachperson zu planen, die mit dem Gründungsprozedere, den Problemstellungen und dem Beratungsbedarf von Kleinbetrieben vertraut ist und bei der Budgetplanung behilflich sein kann. Gute Vorbereitung ist auch hier die Hälfte des Erfolgs.

Eine Buchhaltungsexpertin oder Treuhänderin zeigt, welche Konten und Bücher zu eröffnen sind, wie eine Buchführung manuell oder mit Personalcomputer einfach und speditiv zu handhaben ist, wie sich der Zahlungsverkehr mit Banken und Post abspielt, welche Umsätze zu versteuern und wo Steuern zu optimieren sind, wie Abschreibungen vorzunehmen sind, ab wann, wie und warum die Mehrwertsteuern abgerechnet werden müssen und wie die materielle Zukunft gesichert werden kann.

Mit der Buchhaltung lernt die Neuunternehmerin, die Zahlen ihrer Geschäftsaktivitäten richtig zu interpretieren. Sie erfährt, welche buchhalterischen Arbeiten sie aus Ersparnisgründen selbst vornehmen kann, wie sie ihre Belege fachgerecht verarbeiten und einfach kontieren muss. Aufgrund einer Einführung in die doppelte Buchhaltung weiss sie, worauf es beim Jahresabschluss ankommt, so dass sie diese und die dazugehörige Bilanz und Erfolgsrechnung selbst erstellen kann. Falls sie diese Arbeit nicht allein ausführen kann oder will, ist es sinnvoll, für den Jahresabschluss wiederum eine Fachperson beizuziehen, auch wenn die dafür aufgewendeten Stunden zu einem nicht ganz billigen Honorar in Rechnung gestellt werden. Dies übrigens zu Recht: Trotz bester Vorbereitung ist ein Jahresabschluss auch für eine Buchhalterin oder Treuhänderin mit viel Aufwand verbunden – ein Aufwand, den sich eine Neuunternehmerin respektive Nichtfachfrau nebst ihren Haupttätigkeiten zeitlich oft nicht leisten kann.

Rechnungswesen – auf einen Nenner gebracht

Erfahrungsgemäss ist die erste Rechnungsstellung praktisch für jede Neuunternehmerin mit einem Stück Schwerarbeit verbunden. Doch wenn ihr Geschäft florieren soll, wird sie sich im Schreiben von kaufmännischen Rechnungen üben müssen.
Sofern mit der Kundin oder dem Kunden nicht anders vereinbart, ist es sinnvoll, die geleisteten Dienste oder das verkaufte Produkt unmittelbar nach erledigtem Auftrag zu verrechnen.
Vor pauschalen Abrechnungen wird gewarnt. Bei einer Kontrolle könte die AHV dahinter mögliche Arbeitsverhältnisse vermuten und die Selbständigkeit absprechen. Eines der Definitionsprobleme für die Selbständigkeit aus AHV-Sicht besteht nämlich darin, dass die Sozialversicherungen Personen, die auf eigene Rechnung und Gefahr für eine Reihe von mehr oder weniger gleichartigen Kunden tätig sind, nicht als selbständig einstufen, sondern als lohnabhängige Teilzeitmitarbeitende mehrerer Auftraggeber respektive Arbeitgeberinnen.
Deshalb macht sich eine detaillierte Rechnungsaufstellung bezahlt, auch wenn sie mit hohem unproduktivem Zeitaufwand verbunden ist. Die Kundschaft hat Anspruch darauf, eine Rechnung mit übersichtlich aufgeführten Posten zu erhalten. Sie soll nachvollziehen können, welche Tätigkeiten an welchem Tag geleistet worden

sind, welches Produkt verkauft worden ist, wie hoch die Nebenkosten (Fotokopien, Fahrspesen etc.) sind und mit welchen Skonti, Rabatten oder sonstigen Vergünstigungen sie rechnen darf.

Wenn Kunden ihre Rechnung nicht bezahlen, kommt es bei kleinen Unternehmen schnell zu Liquiditätsengpässen. Ausstände schnell und effizient einzutreiben, gehört zu den wichtigsten Aufgaben für Neuunternehmerinnen. Im Interesse der Rechnungsstellerin empfiehlt es sich, gewisse Regeln für ein erfolgreiches Inkasso zu befolgen:

- Nicht geduldig warten, bis die Rechnung bezahlt wird, sondern so schnell als möglich aktiv werden. Spätestens zehn Tage nach dem Fälligkeitsdatum mit dem Mahnen anfangen. Anstatt die Mahnung mit einem automatischen Computerausdruck zu betiteln, kann der Begriff «Mahnung» eleganter formuliert werden, zum Beispiel mit «Vermisst wird...»
- Anstatt eine Serie Mahnbriefe an säumige Kunden zu verschicken, ist eine freundliche telefonische Anfrage weniger aufwändig und oftmals wirksamer. Vielfach sind mehrere Telefonanrufe nötig, um an die zuständige Person zu gelangen. Mit dem Schuldner sollte ein festes Zahlungsversprechen mit Betrag und Termin ausgehandelt werden. Bei Nichtbezahlen kann allenfalls die Rückgabe der gelieferten Produkte (zum Beispiel die Lieferung von bestelltem und nicht bezahltem Büromaterial) verlangt werden.
- Beim Mahnen sind Entschuldigungen oder Rechtfertigungen fehl am Platz. Wenn der Auftrag erledigt und die Rechnung fällig ist, darf das ausstehende Geld mit der inneren Überzeugung «Der Kunde oder die Kundin muss den ausstehenden Betrag bezahlen» zu Recht verlangt werden.
- Es gibt keine Unterscheidung wichtige – weniger wichtige Schuldner: Alle sind gleich zu behandeln. Ob ver-

wandt, gut bekannt oder befreundet: Alle haben das in Rechnung gestellte Honorar oder Produkt zu begleichen.
- Eine sauber geführte Kundenbuchhaltung ist Voraussetzung, um Zahlungsrückstände festzustellen: Die monatlichen Abschlüsse zeigen die offenen Rechnungen. Nötigenfalls drängt sich sogar eine wöchentliche Kontrolle auf.
- Bevor neue Aufträge von einem Kunden oder einer Kundin übernommen werden, ist darauf zu bestehen, dass zuerst die alten Posten beglichen werden.

Zeitmanagement – für einen Tag

Frauen, so wird erzählt, seien es gewohnt, ihre Zeit gut einzuteilen. Doch nach Auflösung des Angestelltendaseins fällt es ihnen oft schwer, mit plötzlich frei gewordenen Tagen umzugehen. Es kann Monate dauern, bis eine Neuunternehmerin ihren persönlichen Tagesrhythmus gefunden und gelernt hat, ihre Tage so zu nutzen, dass sie ihrem Arbeits- und Lebensstil entsprechen. Vorteilhaft ist, wenn sie von Anfang an
- ihren Tagesplan schriftlich fixiert
- eine übersichtliche Agenda führt
- nie mehr als zwei Drittel ihrer Tageszeit verplant und den Rest für Unvorhergesehenes freihält
- die Arbeitszeiten genau erfasst
- produktive und unproduktive Stunden voneinander trennt
- wichtige Dinge zuerst erledigt
- nicht gegen die innere Uhr anrennt
- Zeitlimiten festlegt
- und sich eine stille Stunde gönnt.

Mittel- bis langfristiges Zeitmanagement

In der täglichen Hektik geht oftmals der Blick fürs Ganze verloren. Die beim Start angepeilten Pläne und Ziele gehen im Alltagsgeschäft unter. Weil noch so viel anderes zu tun ist, wird das Produkt nicht weiterentwickelt, kein neuer Standort gesucht und die Umwandlung in eine andere Unternehmensform auf die lange Bank geschoben. Oder wenn die gewünschten Marktanteile bei der Zielgruppe nicht erreicht sind, wird das Konzept nicht modifiziert.

Das muss nicht sein. Erfahrene Unternehmerinnen managen ihre Zeit mittel- bis langfristig und steuern überlegt auf ihr Fernziel hin: In kleinen Schritten, aber konsequent und geradlinig – im Bewusstsein, dass eine bessere oder gar optimale Nutzung ihrer Zeit nur durch ein kontinuierliches Zeitmanagement zu erreichen ist.

Um produktiver zu arbeiten und sich erfolgreicher und zufriedener zu fühlen, gibt es wirksame Methoden, die bei professionellen Zeitmanagerinnen auf kurzweilige Art erlernt werden können. In Seminaren lernen die Teilnehmerinnen, sich erst einmal mit ihrer Zeit, dem wertvollsten ihnen zur Verfügung stehenden Kapital, auseinander zu setzen und wie sie es schaffen,

- mehr Übersicht über anstehende Aktivitäten und Prioritäten zu erhalten
- mehr Freiraum für Kreativität zu erhalten gemäss dem Motto «agieren statt reagieren»
- Stress bewusst zu bewältigen, abzubauen und zu vermeiden
- mehr Freizeit, das heisst, mehr Zeit für Familie, Freundschaften und sich selbst zu gewinnen
- und, was vor allem zählt, ihre Ziele konsequent und systematisch zu erreichen, damit ihr Leben Sinn und Richtung bekommt.

Wie Frauen ihren Erfolg definieren

Durch meine selbständige Erwerbstätigkeit habe ich Freiräume für schöpferisches Denken gewonnen...
Dank meiner Visionen habe ich neue Wege gefunden, mich gefördert und meinen Horizont erweitert...
Mein Weg verlief nicht ohne Umweg. Jeder Schritt auf dem Umweg half mir die Sicht zu klären, das Chaos zu ordnen...
Ich habe die Dinge immer sportlich gesehen: Sich selbständig machen, ist ein Marathonlauf, kein kurzer Sprint...
Ich kann Extraleistungen anbieten, die in der Geschäftswelt nicht selbstverständlich sind...
Meine Kundschaft erhält einen Rundum-Service aus einer Hand...
Lieber schnalle ich meinen Gürtel enger, als die eigenen Kapazitäten zu überschreiten...
Es fällt mir nicht schwer, einen Auftrag mit einer Geschäftspartnerin zu teilen...
Ich habe während vieler Jahre in kleinen, aber kontinuierlichen Schritten an der Vision meines Unternehmens gearbeitet...
Es ist mir gelungen, meine Ziele mit den richtigen Menschen zu verbinden und das Ganze in ein inspirierendes Unternehmensklima zu packen...
Ich musste die Dinge einfach tun, aber möglichst gut...
Ich habe gelernt, in meinem Ressort, in meinem Gebiet alles, was ich lernen konnte, zu lernen und zu nutzen, mich weiterhin zu informieren und fleissig zu bleiben...
Wenn ich selbständig bin, habe ich nicht die Chance, weniger zu arbeiten. Ich muss bereit sein, mehr zu leisten, aber es muss mir auch Spass machen...
Es gibt immer eine Lösung, man muss sie nur finden wollen...
Mit Erstaunen habe ich festgestellt, dass ich eine andere Person geworden bin...

Nicht die Quantität, sondern die Qualität der Zeit ist mir wichtig...
Mit einfachsten Mitteln habe ich ein Maximum herausgeholt...
Mit Intuition, Herzlichkeit und Spontaneität habe ich die Bedürfnisse meiner Kundschaft erfasst...
Gerade in der Akquisitionsarbeit kam die uns Frauen zugesprochene Sozialkompetenz besonders zum Tragen...
Damit wir Frauen besser ins Geschäft kommen, müssen wir einander die Chance geben...
Meine Kunden sind mein Kapital, und Kapital behandelt frau pfleglich...
Als unternehmerisch tätige Grossmama sensibilisiere ich meine Enkelin schon heute und nicht erst morgen auf die Option «Selbständigkeit»...
Auch wenn mich das ganze Prozedere immer viel Zeit, Geld und Nervenkraft kostet: Ein Messeabenteuer macht sich in jedem Fall bezahlt...
Die Überzeugung, dass mich jeder Schicksalsschlag auch weiterbringt, hat mir die Kraft gegeben, die beruflichen Hürden zu meistern. Optimismus und Pioniergeist wurden mir offenbar in die Wiege gelegt...
Mit Beharrlichkeit bin ich meinen Weg von der Telefonistin zur Präsidentin des Verwaltungsrates gegangen...
Kurz und bündig: Learning by doing ... Aufbauarbeit finde ich spannend ... Ich kann Entbehrungen ertragen, ohne mich und meine Gesundheit zu vernachlässigen...
Ich bin wissbegierig und habe diese Eigenschaft zu meinem Beruf gemacht ... Was zählt, ist nicht der schnelle Erfolg mit einer möglichst hohen Rentabilität, sondern eine kontinuierliche Entwicklung, wo die Zufriedenheit des Kunden erste Priorität geniesst ... Ich richte mein gesamtes Handeln nach meinem «feu sacré» aus ... Ich handle mit Leidenschaft oder überhaupt nicht...

Teil 2

Einfrau-Unternehmerinnen: selbstbewusst, kreativ, unabhängig

Porträts von sieben NEFU-Frauen

Nelly Meyer-Fankhauser, Nelly's OFFICE
Christiane Völlmy, Quality time
Gisèle Rufer, DELANCE SA Swiss Watches
Ursula Gebendinger, Graphic Design, Illustration,
Buchgestaltung
Gertrud Rebsamen Neff, Treuhänderin
Maja Schneiter, Restaurant zur Schuhmachernzunft
Anita Messerli, Zum Tintenfässli, Bauernhofbeizli
Kellenweid

*Wer nicht manchmal das Unmögliche wagt,
wird das Mögliche nie erreichen (Max von Eyth)*

Nelly Meyer-Fankhauser:
Die Zukunft ist schon in der Gegenwart

Nelly Meyer strahlt doppelt. Ruhige Schwingungen erfüllen den Raum, gleichzeitig sind aber auch dosierte Aktivität und Energie spürbar. In ihrer Aura muss ein Gradmesser eingebaut sein, der Nähe und Distanz von ihr zu einer Person und umgekehrt haargenau auspegelt. Eine wohltuende, entspannende Ambiance breitet sich aus, sie spricht engagiert, konzentriert, klar, mit warmer Stimme. Hier sitzt eine Frau mit grosser Lebenserfahrung. Sie lächelt nicht nur, sie kann auch herzhaft lachen. Diese Frau hat Humor.
Doch Nelly Meyer sass nie einfach nur auf der Sonnenterrasse des Lebens. Auf ihrem Schicksalsweg lagen einige Stolpersteine, unter anderem schwere Krankheiten in der Familie, Brocken, die nicht einfach so weggeräumt werden konnten. Bei Nelly Meyer aber verursachten diese belastenden Ereignisse nicht Stress im Übermass. Sie musste, wie sie selber sagt, nicht kämpfen und darum auch nicht siegen. Solche Worte gehören nicht in ihren Wortschatz. Sie integriert Aufgaben, Sorgen, Nöte und Notwendigkeiten in ihr Dasein. Bei ihr verschmelzen Vergangenheit und Zukunft zur Gegenwart. Sie lebt hier und jetzt, ist Partnerin im Familienkreis, unter Freunden genauso wie in Geschäftsbeziehungen. Eigenverantwortung wurde ihr in die Wiege gelegt.
Von 1971 bis 1987 arbeitete Nelly Meyer teilzeitlich als Fremdsprachen-, Personal- und Alleinsekretärin wie auch als Sachbearbeiterin für verschiedene Unternehmen. Zu

Hause war sie Ehefrau, Freundin, Mutter, Hausfrau. 1986 lag dann einer dieser Steinbrocken auf ihrem Weg. Er verunmöglichte ein Weitergehen auf den bisher gewohnten Pfaden. Sie musste neue Prioritäten setzen. Berufliche Ambitionen mussten aus privaten Gründen in den Hintergrund treten. Doch fassungslos und resignierend vor diesem Block sitzen zu bleiben, war Nelly Meyers Sache nicht.

Ich musste einen Ausweg finden, völlig andere Prioritäten setzen, damit ich den neu zugewiesenen Verpflichtungen in der Familie nachkommen konnte. Ich fehlte des Öfteren und in stets kürzeren Abständen an meinem Arbeitsplatz. Ein Zustand, der auf Dauer weder für meinen Arbeitgeber noch für mich befriedigend war. Es begann ein Umdenk- und Neuorientierungsprozess, der meine Gedanken voll in Beschlag genommen hatte. Die Idee, meine Stelle zu kündigen, mich von der klar geordneten Arbeitswelt zu verabschieden und mich beruflich selbständig zu machen, nahm von Tag zu Tag konkretere Formen an. Ich besann mich auf meine Stärken als erfahrene Haushaltmanagerin und war überzeugt, mein Berufs- und Privatleben unter einem Dach vereinigen zu können. Management, so hatte ich wiederholt gelesen, sei nichts anderes als eine gehobene Haushaltführung. Und als Frau war ich es gewohnt, verschiedene Beschäftigungen miteinander zu kombinieren, flexibel zu sein und in eigener Verantwortung zu handeln. Als Familienfrau, dessen wurde ich mir bewusst, hatte ich mir das nötige Rüstzeug zur Unternehmerin erworben.

Doch solche Überlegungen auch in die Tat umzusetzen, braucht Mut. Und es braucht zusätzlich den Glauben, die Überzeugung, das Unmögliche zu wagen, um das Mögliche zu erreichen. Am 1. Juni 1987 – im Alter von 48

Jahren – war Nelly Meyers Überzeugung gefestigt. Ihr Optimismus, ihr Vertrauen in die eigenen Fähigkeiten waren enorm und bestaunenswert. Nicht zuletzt auch deshalb, weil sie von Anfang an gewusst hat, was sie will, was sie leisten kann und wie sie vorzugehen hat.

Sie gründete ihr kreatives Schreib- und Denkbüro. Dafür arbeitete sie ungefähr 15 bis 20 Stunden pro Woche, das war das Geschäft, das ein sicheres Einkommen brachte, der Kundenkreis wurde von Jahr zu Jahr grösser, bald schon konnte sie auf eine treue Stammkundschaft zählen, die ihre Dienste regelmässig in Anspruch nahm. 1993 kam dann noch NEFU dazu: Die Projekt- und Entwicklungsarbeit, später auch noch die Koordinationsarbeiten für das Netzwerk – die Arbeitstage wurden immer länger. Ungefähr die Hälfte ihres Einsatzes brachte ein sicheres Einkommen, die andere Hälfte Lob und Dank.

Doch was heisst es in Wirklichkeit, wenn man fortan Kundinnen und Kunden selber suchen muss? Wenn man nicht mehr einfach durch die Eingangstüre einer Firma gehen kann, die vorgegebenen Arbeiten erledigt, abends den Heimweg antritt und Ende Monat jeweils den Lohn überwiesen bekommt? Nelly Meyer empfand diese Zeit als spannend, ja sogar lustvoll. Das Akquirieren von Kundschaft nahm sie als spielerische Tätigkeit wahr. Sie hatte intuitiv – jedoch auch mit der dazugehörigen Portion Vernunft – erkannt, dass in ihrer Zeit als Angestellte ein starker Charakterzug von ihr zu kurz gekommen war: die Kreativität. Bei ihren neuen Kunden konnte sie nun Dokumente nach ihren Vorstellungen gestalten, kreative Vorschläge wurden in der Regel gerne angenommen. Ihr Mitdenken war auf einmal gefragt, jetzt konnte sie sich nicht nur selber einbringen, jetzt musste sie es auch tun – und war glücklich dabei. So komplex und einfach zugleich kann es eben sein: Wenn sich Professionalität und Zufriedenheit paaren, wenn ein Mensch Freude ausstrahlt, dann bleibt die Kundschaft nicht aus. Kunden oder eher Kundinnen? Nelly Meyer bestätigt, was auch andere Frauen immer wieder sagen:

Mein grösster Kundenstamm waren Männer. Männer haben immer wieder gesagt: «Wie toll, dass es sie gibt. Wie toll, dass eine Frau das macht, mit Spass sogar.» Mit Männern zusammenzuarbeiten, war eigentlich eher einfacher als mit Frauen. Ich habe nur positive Erfahrungen gemacht. Die Wertschätzung für meine Dienstleistungen war bei Männern immer sehr hoch.

Gerne sei hier das Geheimnis verraten, warum das so gekommen ist. Nelly Meyer bringt für diesen neuen Beruf jene unerlässlichen Voraussetzungen mit, die für den Erfolg nötig sind: Sie kann kommunizieren und hat Freude daran. Ob mündlich oder schriftlich – sie lebt Kommunikation schlechthin. Sie muss nicht lange nach dem berühmten Faden suchen, ihn dann erst noch künstlich aufrollen, mit dem Risiko vielleicht, dass er irgendwo hängen bleibt – und zerrissen wird. Sie spinnt den unsichtbaren Faden und reicht ihn ihrem Gegenüber mit Intuition, Fantasie und Einfühlungsgabe zu, auf dass sie gemeinsam daran weiterspinnen können. Gemeinsam. Das ist ein weiteres Schlüsselwort. Ihr potentieller Arbeitgeber fühlt sich in ihrer Umgebung sofort wohl, ist davon überzeugt, dass diese Frau eine gute Arbeit liefern wird. Und das, bevor die ersten Proben auch nur vorliegen! Kommunikation, ich wiederhole es, ist für Nelly Meyer das Zauberwort für ihren unternehmerischen Erfolg. Zeugnisse sind das eine, Fachkenntnisse das andere, auch gute Werbung ist zweifellos ein zentraler Bestandteil für die Prosperität einer Firma. Aber das alleine genügt nicht. Wenn man nämlich im persönlichen Gespräch nicht auf die Wünsche des Kunden eingehen kann, weil man sie nicht spürt und sie auch nicht artikulieren kann, nützt die beste Werbung nichts. Sie gewinnt ihre Kunden von Angesicht zu Angesicht. Mit ihrer Ausstrahlung und Eloquenz. Wie lautete doch mein drittes Wort in diesem Portrait? Sie strahlt. Und zwar nicht aufgesetzt, sondern echt und ehrlich. Und das merken auch ihre Kunden und gewinnen Vertrauen.

Es waren, wie gesagt, familiäre Gründe, die zum Sprung in die Selbständigkeit führten. Für Nelly Meyer war dies keineswegs einfach, es war anstrengend. Und es verlangte neben einer gehörigen Portion Disziplin auch den Willen, nicht nur Prioritäten zu setzen, sondern das Leben trotz Belastungen ohne Leidensmiene, ohne Miesmacherei zu leben. Das ist, so scheint mir, der wesentliche und bestimmte Wesenszug von Nelly Meyer. Sie konnte und kann ja sagen auch in belastenden, von einem unbestimmbaren Schicksal zugeteilten Zeiten, die alles andere als positiv sind. Selbstverständlich gab es Engpässe, wenn alles unter einen Hut gebracht werden musste. Doch Nelly Meyer hatte gelernt, schrittweise vorzugehen und nicht alles gleichzeitig bewältigen zu wollen. Zweifellos half ihr dabei auch ihr unerschütterlicher Glaube an eine positive Zukunft, die mitzugestalten sie in der Lage sei.

Die ersten Monate waren hart, ich steckte in meiner Arbeit und vergass das Mittagessen. Oder wir sassen beim Nachtessen, und fortwährend läutete das Telefon! Doch mein Mann, unsere Kinder – sie waren alle tolerant und hilfsbereit. Aber ich wusste auch, dass ich diese familiäre Grosszügigkeit nicht allzu sehr strapazieren durfte! Ich musste meinen Tagesplan besser organisieren, musste lernen: Es gibt Zeiten für die Familie, es gibt Zeiten für die berufliche Tätigkeit.

Nelly Meyer hat dieses und noch viel mehr gelernt. Aber

sie ist sich auch bewusst, dass daneben noch ein ganz anderer Faktor eine wesentliche Rolle spielt. Und sie weiss ihn zu schätzen.

Mein grösster Unterstützer, Helfer und Förderer ist mein Mann. Ohne meinen Mann wäre ich nicht da, wo ich heute bin.

So brauchte sich Nelly Meyer nicht zu «emanzipieren», weil sie arbeiten wollte. Oder zu arbeiten, weil sie sich emanzipieren wollte. Sie ist auf eine echte, ursprüngliche Art emanzipiert. Sie ist eine Frau mit Selbstverantwortung und einer Wertschätzung anderen Menschen gegenüber. Pflichtbewusstsein und Toleranz gehören zu ihren weiteren Merkmalen. Ich denke aber auch, dass sie sich keinen Lebenspartner ausgesucht hätte, der dies nicht zu schätzen gewusst hätte.

«Die Zukunft ist schon in der Gegenwart», mit diesem Satz lässt sich der Mensch Nelly Meyer treffend charakterisieren. Sie integriert in ihr Heute, was morgen erst geschieht. Das gibt ihr Gelassenheit und entbindet sie von Hast und Eile. Sie ist immer irgendwie schon vorbereitet. So auch, als sie am 17. September 1992 zu einer Radiosendung eingeladen wurde und während einer Stunde von ihrer Erwerbstätigkeit als «fliegende» Sekretärin und Übersetzerin berichtete. Sie erzählte damals offen über die Freuden und Leiden einer Einfrau-Unternehmerin, sprach über die fehlenden Kontakte mit Gleichgesinnten, skizzierte ihre Vision einer dringend benötigten Vernetzung von Frauen. Und die Frauen kamen, in hellen Scharen aus der ganzen Schweiz. 1993 – also ein Jahr später – gründete sie NEFU, das Netzwerk für Einfrau-Unternehmerinnen. Und führte nun plötzlich zwei Unternehmen: ihr eigenes, profitorientiertes Geschäft und daneben das nicht gewinnorientierte NEFU. Jetzt aber zieht sie Bilanz, braucht sie wieder mehr Zeit für die Familie, die Grosskinder. Sie möchte wieder reisen, sich die Welt anschauen, Klavier spielen, stricken...

Ich gebe meine profitorientierte Firma auf, nur eine einzige Kundin behalte ich. Aber für NEFU werde ich mich weiterhin einsetzen, werde weiter dafür arbeiten. Und das Schönste: Jetzt kann ich den NEFU-Gedanken gleich in die Tat umsetzen. Alle meine Kunden verteile ich – soweit dies möglich ist – auf die anderen Netzwerkerinnen.

Der Netzwerkgedanke – einmal gedacht – kann nicht mehr zurückgenommen werden. Nelly Meyer hat eine Geschichte. Ihre eigene, bewusste. Und wer eine solche Geschichte sein eigen nennen kann, hat auch eine Zukunft. Denn sie ist das eigentliche Kapital eines jeden Unternehmens – egal ob Familie oder Beruf.

Ich kann meinem Leben nicht mehr Tage geben,
aber meinem Tag mehr Leben (Verfasser unbekannt)

Christiane Völlmy:
Neustart in den Wechseljahren

«Ich bin zu alt, zu dick, zu klein, und ausserdem habe ich graue Haare», lacht sie und strahlt. Das ist sicher nicht das gängige Bild einer heutigen selbständigen und erfolgreichen Unternehmerin. Kinofilme, Fernsehen und Werbung gaukeln uns andere Bilder vor: Solche Frauen haben jung, hübsch, schlank, sexy, sportlich, strahlend, immer frisch und guter Laune zu sein! Sie tragen innerlich und äusserlich selbstverständlich ein perfektes Designer-Outfit. Jung und hübsch = Erfolg und Geld, diese Philosophie braucht keine tiefgründige Analyse. So einfach ist das, meinen die. Doch die Realität sieht zum Glück anders aus, wir wissen es. Frauen, die den Schritt in die Selbständigkeit gewagt haben, z.B. NEFU-Frauen, stützen sich auf ganz andere Attribute. Sie sind mutig, kreativ, vom Leben gefordert. Sie stellen nicht pausenlos Sinnfragen, warten nicht auf den Büroschluss und hoffen nicht darauf, ihren Job eines Tages an den Nagel hängen zu können, weil ein Märchenprinz sie erobert hat. Sie erobern die Arbeitswelt mit ihrer Lebensbejahung und Lebenserfahrung selber – auch die der Männer. Lebensbejahung und Lebenserfahrung heisst für Christiane Völlmy darum auch Freude. Freude an Beruf und Arbeit. Und sie hat Erfolg. Trotz ihren 55 Jahren, trotz Übergewicht und grauen Haaren! Vielleicht sogar gerade deswegen. Das alles kommt nämlich nicht von einem Tag auf den anderen. Genauso wenig wie der Erfolg.

Mein Entscheid, eine eigene Firma zu gründen, war eigentlich gegen jede Vernunft. Ich besass zwei wichtige Informationen. Erstens, so wurde ich beraten, solle ich weiterhin das tun, was ich gut könne. Und zweitens solle ich eine Marktanalyse durchführen. Kein Geschäft funktioniere ohne vorherige Abklärung nach einem entsprechenden Markt. Den Ratschlag Nummer eins befolgte ich nach einem kurzen Schlenker, Tipp Nummer zwei liess ich sausen. Sonst gäbe es mein Geschäft heute nicht! Eine Marktanalyse nämlich hätte das ganz klare Resultat gebracht, dass bereits ein Überangebot an Erwachsenenbildung und Beratung existiert.

Christiane Völlmy hat ihren Rucksack vollgepackt mit Matura, Primarlehrerindiplom und Sprachstudium (lic. phil. I). Sie unterrichtete an verschiedenen Schulen, wechselte schliesslich zur Pharmaindustrie und übernahm bei Ciba die Leitung der Sprachkurse. Doch wer so offen ist wie diese Frau, bleibt nicht lange nur Leiterin einer Sprachschule. Sie nutzte die Gelegenheit, vieles dazuzulernen. Das Verhalten von Menschen, von Gastarbeiterinnen bis zu Kaderleuten, von Schweizern und Ausländerinnen, Frauen und Männern. Diese Firma war für sie ein ganzer Kosmos, und sie zog daraus, was immer sie wollte. Learning by doing nennen wir ein solches Verhalten. Es folgten im gleichen Unternehmen Jahre als wissenschaftliche Übersetzerin. Doch eine solche Tätigkeit passt letztlich nicht in die Hierarchie eines Unternehmens, sie steht ausserhalb der gängigen Stufenleitern. Und so passierte eben genau das, was zwangsläufig geschehen musste: Sie wurde, nicht zuletzt wegen ihrer offenen und umgänglichen Art, bald einmal zu einer Vertrauten und damit auch zu einer «Klagemauer». Und weil viele Menschen aller Hierarchiestufen sich bei ihr aussprachen, sprach auch das sich herum. Und so geschah es, dass man sie anfragte, ob sie nicht die Koordination für die zentrale Arbeitsgruppe für Chancengleichheit übernehmen wolle. Christiane Völlmy wollte.

Es dauerte jedoch nicht allzu lange, bis sie merkte, dass an diesem Posten etwas nicht ganz so lief, wie sie sich das vorgestellt hatte. Die Frauen hatten jetzt zwar eine Anlaufstelle (Christiane Völlmy schrieb in dieser Zeit auch eine Studie für Wiedereinsteigerinnen, die grosses Echo fand), doch die Männer rebellierten. Sie fühlten sich ausgeschlossen. Also funktionierte «mann» diese Stelle schlicht und einfach in eine Ombudsstelle für Frauen und Männer um.

Doch Christiane Völlmy war nicht nur Ombudsfrau bei Ciba. Sie war auch die Beraterin auf dem Spielplatz, zu Hause, beim Einkaufen. Die Familie Völlmy wohnte damals im Kleinbasel, einem Quartier mit wenig Schweizer Familien, und Christiane sah die Realität: Ausländer, insbesondere ausländische Frauen, wurden diskriminiert. Und sie sah nicht nur, sie handelte einmal mehr und suchte das Gespräch mit den Menschen. Kein Wunder, wurde sie auch schon bald die Frau, die Hilfe bot, die Frau, die weiterwusste, die zuhörte, wenn von Problemen mit den Kindern die Rede war oder vom Arbeitgeber, der teuren Krankenversicherung, der Wohnung, wenn schlicht das Geld nicht reichte und der Schuldenberg wuchs. Christiane Völlmy erzählt, dass sie diese Beratungsfunktion nicht theoretisch gelernt hat, sondern über verschiedene Tätigkeiten hineingewachsen ist. Schon als Kind sei sie «Beraterin» gewesen, später dann auch im Lehrerinnenseminar und während der Lehrtätigkeit, ganz speziell auch in der Vorgesetztenfunktion, als Frauenbeauftragte und Ombudsfrau. Anscheinend hat sie immer eine Offenheit ausgestrahlt, die anderen Menschen die Gewissheit gab: Bei diesem Menschen kann ich mich aussprechen, hier fühle ich mich sicher.

Aber neben all diesen intuitiven Fähigkeiten verfügt Christiane Völlmy auch über eine ausgesprochen intellektuelle Seite. Sie denkt in klaren Strukturen, hat sich in all den Jahren mit juristischen und wirtschaftlichen Fragen auseinander gesetzt, weiss, was ein Dienstweg bedeutet und wie ein Organigramm erstellt wird. Neben ihrer Teilzeitstelle in dem Grossunternehmen bildete sie sich gleichzeitig in den verschiedensten Gebieten weiter. Und dann kam das Jahr 1997 und damit die Fusion von Ciba und Sandoz zur neuen Firma NOVARTIS.

An diesem Morgen, als die Fusion bekannt wurde, stand ich im Bett. Ich kam zum Frühstück und sagte: Meine Damen, mein Herr, heute Abend komme ich nach Hause – ohne Job. Das war für mich völlig klar. Ich wusste, was und wie es laufen würde. Und so war es denn auch. Arbeitslos war ich natürlich nicht schon an diesem Abend, aber ich nahm die Zeichen am Weg wahr, meine inneren Augen blickten bereits hinter die verschiedenen Abzweigungen.

Manche Menschen buchen in solchen Fällen Kurse, suchen Rat und Beratung. Nicht so Christiane Völlmy: Sie wartete, bis jene Träume kamen, die ihr sagten, wie es weitergehen könne. Sie vertraute darauf, dass sie kommen würden. Es brauchte zwar etwas Geduld, aber sie kamen und sagten ihr, dass sie gehen müsse. Und dass NEFU, beziehungsweise vor allem Nelly Meyer, auf sie warte. Sie wurde ihre Lehrmeisterin in dieser Zeit. Noch war allerdings die eigentliche Zeit der Erwachsenenbildung und Beratung nicht reif. Sie besann sich vorerst darauf, was sie auch gut konnte, nämlich organisieren, andere Leute entlasten. Jahrelang hatte sie beobachtet, in welcher Zeitnot sich z.B. Kaderleute befanden. Das war der eigentliche Anlass zur Gründung von «Quality time» – ihrer ersten eigenen Firma. Einkaufen wollte sie für die gestressten Manager und Managerinnen, Blumen besorgen, die Putzmannschaft organisieren, Einladungen vorbereiten, einen perfekten Service zur Entlastung der alltäglichen organisatorischen Arbeiten bieten. So ihr erster Traum, den sie umsetzen wollte. Doch schon der nächste machte ihr klar: «Never change a winning horse.» Sie erkannte die Bedeutung.

Ich musste mir noch einmal reiflich überlegen: Was kann ich wirklich gut, wo liegen meine Stärken? Womit hatte ich in meiner bisherigen Arbeit Erfolg?

Kurse und Seminare für Erwachsene in den Bereichen «Führung und Zusammenarbeit», «Kommunikation», «Frauenthemen», «Persönlichkeitsentwicklung», «Spielregeln der Macht», «Arbeitstechnik» und so weiter, das hatte sie doch ein halbes Leben lang geübt, darin war sie Fachfrau, darauf konnte sie sich abstützen. Was sollten sie all die anderen Anbieter kümmern!

Ich hatte Zeit. Ein ganzes Jahr konnte ich mir für den Aufbau meines Geschäfts leisten, denn ich verfügte über eine finanzielle Reserve für zwölf Monate. Die Familie, mein Mann, unsere beiden Kinder, reagierte positiv. Ich begann Kontakte zu knüpfen, Geschäftsunterlagen vorzubereiten. Ich wusste: Nach einem Jahr musste mein Geschäft laufen, musste ich Geld verdienen, das war ein wirtschaftlicher Zwang. Wir waren von da an auf meinen Verdienst angewiesen, wie wir es immer gewesen waren.

Am Anfang musste sie alle Aufträge annehmen, die sie bekam. Ins Gespräch kommen und bekannt werden, hiess die Devise. Doch jeder neue Auftrag war ein hartes Stück Arbeit, denn am Anfang gab es noch nichts, worauf sie sich hätte abstützen können. Aber das Beziehungs- und Erfahrungsnetz wuchs und wurde von Woche zu Woche grösser. Sie wurde weiterempfohlen, weiterempfohlen und weiterempfohlen. Und heute? Hat sie selbst noch «Quality time»?

Natürlich, meine Selbständigkeit hat mir ein grosses Gefühl von Freiheit gebracht, ich bin auf einem viel höheren Energielevel, fühle mich stärker und kerniger, seit ich mein Leben selber bestimmen kann. Diese Monstersitzungen im Grosskonzern, dieses pausenlose Absprechen nach links und rechts, nach oben und unten, haben mir einen grossen Teil meiner Vitalität genommen. Heute bin ich meine eigene Managerin. Ich kann, darf und soll unternehmerisch denken, planen, arbeiten. Es ist zum Lachen: Da lernen Manager, dass ihre Mitarbeiter unternehmerisch handeln sollen, dabei sitzen die meisten in einem goldenen Käfig und dürfen weder mit ihren Flügeln schlagen noch fröhlich piepsen. Zugegeben, meine jetzige Art von Arbeit braucht viel Disziplin. Die Aufbauphase war und ist nach wie vor hart. Wie bei einer Bergtour wische ich mir den Schweiss aus der Stirne und klettere dem Gipfel zu. Nicht verbissen, aber zielgerichtet. Das gibt mir zwar Kraft und lässt mich wunde Stellen vergessen. Manchmal bin ich doch müde; und manchmal kommt die Familie zu kurz, manchmal denke ich sogar: Wenn ich mich nur nicht auch noch um sie kümmern müsste. Oft habe ich auch Mühe, mich abzugrenzen. Dann geht eben der Samstag auch noch drauf. Und der Sonntag. Aber ich muss die Aufträge annehmen, kann noch nicht nein sagen. Ich muss Geld verdienen, das ist die eine Seite. Und eine sehr positive sogar. Ein wirtschaftlicher Zwang ist nämlich ein guter Motivator.

Die 55-jährige Christiane Völlmy sagt es selber: Sie muss

und will Geld verdienen. Doch die andere Seite spielt für sie eine ebenso wesentliche Rolle: Sie macht ihre Arbeit gerne, erntet viel Lob und Anerkennung, und das vermittelt ihr ein angenehmes Gefühl. Das sagt eine, die es wissen muss. Auch wenn sie noch nicht ganz oben auf dem Berg ist. Und wenn ein Unfall passiert? Leistet sie sich in diesem Alter und als Selbständigerwerbende eine Krankentaggeldversicherung?

Unmöglich, ich bin zu alt und ausserdem habe ich einen zu hohen Blutdruck. Das wäre nicht mehr zu bezahlen. Ich habe Offerten eingeholt: 800.– bis 1000.– Franken pro Monat für Bezüge nach 90 Tagen ärztlich bescheinigter Krankheit und jede Menge Kleingedrucktes, das es den Kassen erlauben würde, im Ernstfall doch nicht zu bezahlen. Nein, ich muss einfach gesund bleiben. Ich hätte eine Reserve, 2 Jahre zu überleben, bis die IV mich übernehmen müsste. Wie das allerdings wäre... Aber krank sein ist sowieso nicht lustig. Es kommt daher gar nicht drauf an, ob du jetzt reich und krank bist – oder arm und krank. Krank ist krank. Aber Spass beiseite: Es ist natürlich ein Skandal, dass in unserem Land ältere «Jungunternehmer» keinen wirklichen Versicherungsschutz haben, wenn sie krank werden. Offensichtlich hat unser Land lieber erwerbslose Fürsorgeabhängige als kranke Selbständige. Nicht gerade ein Hinweis darauf, dass die Schweiz ein vitales und initiatives Land ist!

So denkt sie, so lebt sie, so arbeitet sie. Ohne eine solche Einstellung, denke ich, wäre dies gar nicht möglich. Wartet sie auf weitere Träume? Christiane Völlmy hofft vor allem, dass der Trend zu immer grösseren Firmen bald ein Ende haben wird, dass für Selbständigerwerbende oder kleine Unternehmen mit wenigen Angestellten wieder eine Chance kommen wird. Und dass wir wieder auf eine humanere Welt zusteuern, in der nicht abertausende von Menschen einfach auf die Strasse gestellt werden. Dass es wieder Betriebe geben wird, die Menschen mit Erfahrung, die sie an kommende Generationen weitergeben können, nicht einfach rausschmeissen, wegwerfen. Ältere Menschen können vielleicht nicht das Gleiche wie die Jungen, aber sie können auch etwas. Sie haben vor allem ein Kapital, das oft unterschätzt wird: Erfahrung und mehr Gelassenheit und Reife. Nicht mehr, aber auch nicht weniger. Wer am Ende das Rennen macht, die Jungen, Dynamischen, Attraktiven, die Fusionierten? Oder eben Menschen wie Chistiane Völlmy? Die Zukunft wird es zeigen. Ich jedenfalls setze auf Letztere.

Gisèle Rufer:
Weiblichkeit bedeutet Leben, Harmonie und Spiritualität

Manchmal brauchen Entwicklungen Zeit. Oft liegen unbewusste Entscheide weit in der Vergangenheit und dringen erst nach und nach in unser Bewusstsein. Dann wird uns auch klar, warum ein Weg so verlief. Rund 40 Jahre dauerte dieser Vorgang bei Gisèle Rufer, bis sie sich mit dem eigenen Unternehmen einen vorher unterschwelligen Lebenstraum erfüllte. DELANCE heisst er – und ist eine Uhr. Entworfen von einer Frau und geschaffen als Sinnbild für die Leistungsfähigkeit, Denkweise und Eigenart der Frauen auf dieser Welt.
«Die DELANCE ist der Talisman der Frau des nächsten Jahrtausends», habe ich in der Werbung gelesen. Doch kann die DELANCE wirklich ein Talisman für die Frau sein? Da macht uns die Sprache wieder einmal einen grotesken Strich durch die Möglichkeiten, den Frauen einen weiblichen Talisman ums Handgelenk zu legen. Gisèle Rufer spricht darum von ihrem Traum, eine «Taliswoman» zu kreieren, etwas Besonderes für die Frauen auf der ganzen Welt. Die DELANCE ist raffiniert, zart und doch kraftvoll: eine Schmuckuhr, die sich zurückhaltend und einfach präsentiert oder grosszügig mit Diamanten oder anderen Edelsteinen verfeinert ist. Die Uhr ist den Frauen gewidmet, und manche Frau schätzt sich glücklich, sie von einem Mann geschenkt zu bekommen.
Warum aber kommt eine Frau auf die doch zumindest ungewöhnliche, wenn nicht gar wahnwitzige Idee, im

Schweizer Uhrenland noch ein weiteres Modell auf den Markt zu bringen? In einem Land, wo vom Billigangebot bis zur Luxusuhr alles zu haben ist, in guter Qualität, mit Garantie für ein schier endloses Leben.

Das war mein Schicksal. Ich musste den ganzen Weg zurückgehen, bis ich zum Ausgangspunkt kam. Mein Vater starb, als ich sieben Jahre alt war. Er hat auch schon Uhren hergestellt, die Delance gab es bereits, Fridelance war mein Mädchenname. Mein Vater wählte die Verkürzung Delance für seine Produkte. All dies war mir jahrelang nicht mehr bewusst, ich hatte auch gar keine Zeit, mich um die Vergangenheit zu kümmern. Mit 22 Jahren heiratete ich. Mein Mann studierte noch, ich verdiente den Lebensunterhalt für uns beide. Als mein Mann schliesslich eine Stelle gefunden hatte – wir hatten inzwischen bereits zwei Kinder –, holte ich die Matura nach. Anschliessend begann ich ein Medizinstudium, mutete mir damit jedoch zu viel zu. Ich machte weiter mit Kunst und erwarb das Sekundarlehrerinpatent. Mit 35 Jahren schliesslich sass ich nochmals auf der Schulbank und studierte Wirtschaftsinformatik.

Gisèle Rufer ist eine Frau, die anscheinend zehn Hände besitzt. Sie packt überall zu und kann auch unter nicht optimalen Bedingungen, z.B. wenn zu Hause alles drunter und drüber geht, konzentriert arbeiten. Ihre Tage haben eine Struktur, sie setzt Prioritäten. Genau wie Zähne putzen oder Gymnastik gehören auch Hausaufgaben, Fremdsprachen lernen usw. zur täglichen Routine. Doch was nicht unbedingt erledigt werden muss, kann warten, das ist ihre Devise. Sie bestimmt seit Jahren den Rufer'schen Haushaltsalltag. Dazu gehören dann eben auch einmal nicht gemachte Betten oder nicht gebügelte Wäsche.

«Wir suchen jemand, der die Dinge anders macht als alle anderen», lautete vor Jahren ein Inserat der Bieler Uhrenfirma SMH. Gisèle Rufer fühlte sich angesprochen. Und sie bekam die Stelle. Sie sollte den Verkauf der Kinderuhr Flik-Flak durch ein neues Marketing-Konzept ankurbeln. Ihr Konzept hatte Erfolg. Nach drei Jahren hatte sie jedoch genug von Kinderuhren. Zu jener Zeit erinnerte sie sich oft an ihren Vater. Ständig quälte sie die gleiche Frage: Warum gibt es keinen Faden mehr zu ihm? Weshalb ist er für mich nicht gegenwärtig? Und aus den Tiefen des Unterbewusstseins stieg die Erinnerung.

Die Uhr – mein Vater und die Delance-Uhr, das ist der Faden, den ich aufnehmen musste.

Von da an ging alles sehr schnell. Gisèle Rufer unterbreitete ihrem damaligen Chef ihren Traum.

Ich wollte eine Uhr für die Frauen machen. Sie sollte Frauen das Gefühl geben: Ich bin wertvoll, eine Frau zu sein ist etwas Wunderschönes. Diese Uhr sollte – symbolisch betrachtet – Vorbildfunktion haben. Frauen haben so wenige Vorbilder, dabei gibt es wunderbare Frauen. Ich denke nur schon an meine Mutter oder an meine Grossmutter. Beide waren grossartige Frauen. Sie hatten so viel Mut, sie haben so viel getan. Doch niemand sprach von ihnen. Immer redeten und reden alle nur von den Männern. Ich habe auch gespürt, dass das Wort Zeit für Frauen eine andere Bedeutung, eine weitere Dimension hat als für Männer. Weltweit habe ich Frauen nach ihrem Zeitverständnis gefragt. «Wir geben unsere Zeit, wir geben Leben. Zeit ist Leben», haben sie gesagt, Zeit als zusätzliche Dimension, nicht einfach nur linear. Der Wunsch nach Harmonie wurde ebenfalls oft geäussert. Aus solchen Antworten entstand in der Folge mein Konzept und das

Design für diese Uhr. Im Mittelpunkt liegt die Raute als Symbol für Leben, Wohlstand und Reichtum. Am Scheitelpunkt, bei zwölf Uhr, steht die Spirale, das Wasser, Quell des Lebens wie das Weibliche. Bei sechs Uhr zeigt sich der Cabochon, der Nabel als grosszügiger Energiespender, als Darstellung auch des männlichen Elementes. Und die endlose Schlaufe schliesslich verbindet das Weibliche mit dem Männlichen für die Ewigkeit.

Aber es kam nicht wie erhofft. Der Chef verliess die SMH. Sein Nachfolger sah sich zwar die Pläne an, aber er winkte ab. Der Traum war ausgeträumt. Aus der Traum? Doch nicht für eine Frau wie Gisèle Rufer. 48 Jahre alt war sie damals, und arbeitslos, ohne Geld. Also machte sie sich wieder an die Arbeit. Die letzten Ersparnisse wurden zusammengelegt, das Büro zu Hause eingerichtet. Ihr Mann wurde zum Chauffeur, zum Concièrge, zum Koch. Er ist der einzige Mann im heutigen Team. Zwei Frauen unterstützen Gisèle Rufer zusätzlich stundenweise bei den administrativen Arbeiten. Bei den neuen DELANCE-Uhren, die erstmals 1996 auf den Schweizer Markt kamen, handelt es sich zu 100 Prozent um im eigenen Land hergestellte Produkte. Sie sind alle mit einem mechanischen Uhrwerk von Piguet oder einem Quarzwerk von ETA ausgerüstet. Auf dem europäischen Markt sind sie seit 1998 erhältlich und werden nun auch in die USA ausgeführt. Doch wie laufen die Geschäfte? Ist Gisèle Rufer zufrieden?

In der Schweiz ist es sehr schwierig, auf den Markt zu kommen. Es gibt nicht nur zu viele Uhrenmarken, es existieren auch zu viele Geschäfte, die wollen nicht noch eine neue in ihr Sortiment aufnehmen. Männer aus der Branche sind sehr zurückhaltend. Aber DELANCE ist die einzige Uhr von Frauen für Frauen. Ich hoffe darum auf die

Solidarität der Frauen. Wenn Frauen in die Geschäfte gehen und diese Uhr verlangen, immer wieder und überall, dann werden sie die Geschäfte auf Lager halten müssen, sie anbieten und Werbung dafür machen. In den USA verkaufe ich am meisten Uhren. Dort haben viele Frauen dieses Bewusstsein, an dem mir so viel liegt: Ich trage diese Uhr, weil ich eine Frau bin. Diese Uhr soll zum Symbol werden für Frauen, die erkennen, was dahinter steckt: Da ist auch eine Frau, die ihr Leben in die Hand genommen hat, die ihr Schicksal meistert, mein Leben ist mein Hauptwerk. An ihren Uhren sollt ihr sie erkennen, ich erlaube mir diese Abänderung eines bekannten Zitates. Diese Uhr soll weltweit eine ähnliche Bedeutung haben wie NEFU in der Schweiz. Ein Netzwerk von Frauen, die sich gegenseitig helfen. Mir hat NEFU viel gebracht, ich habe hier eine Menge tolle Frauen kennen gelernt. Einige haben sogar meine Uhr gekauft. Und NEFU gibt mir immer wieder das Gefühl, dass wir zusammen stark sind, dass wir zusammen etwas erreichen können.

Sollten nach Meinung von Gisèle Rufer Frauen unbedingt einen Beruf erlernen und ausüben? Ich stelle diese Frage ohne mit der Wimper zu zucken, gespannt auf ihre Reaktion (die ich eigentlich erwartet habe). Sie fährt auch sogleich hoch, reisst ihre schönen Augen weit auf und antwortet überzeugt:

Frauen sollen nicht einfach einen Beruf ausüben, sie sollen ihren Traumberuf haben. Sie sollen ihre Träume verwirklichen können. Und wenn Leute aus dem Bekannten- oder Freundeskreis sagen: «Ach was, das kannst du nicht», oder «das ist viel zu anstrengend», dann sollen sie diese Leute meiden, nie mehr wieder sehen, keine Kontakte mehr zu ihnen pflegen. Mädchen und junge Frauen brauchen Menschen, die ihnen sagen: «Das kannst du, also tu es!» Ich muss nur die Leute finden, die an mich glauben. Es gibt sie.

Gisèle Rufer hat ihren Traum zu einem grossen Teil verwirklicht. Rundum haben ihr alle Menschen von diesem Projekt abgeraten, doch sie hat das Unmögliche möglich gemacht. Das allein ist schon als grosser Erfolg zu werten. Bis heute allerdings noch ausgeblieben ist der finanzielle Erfolg. Doch das nimmt sie nicht weiter tragisch, da ihr Mann für den Lebensunterhalt der Familie aufkommt. Und damit kann sie gut umgehen, ihr Selbstwertgefühl leidet darunter keineswegs. Aber schön wäre es trotzdem, wenn einmal die Kasse stimmen würde.

Damit mein Produkt wirklich auf den Markt kommt, eine Marke wird, würde ich für die Schweiz 3 Millionen Werbefranken investieren müssen. Für Amerika weitere 15 Millionen. Da ich jedoch weder die einen noch die anderen besitze, bin ich sowohl auf die Solidarität von Frauen wie auch auf diejenige von Männern angewiesen. Ich glaube an dieses Netz von Solidarität. Und mein Weg geht weiter, mein Netz ist weltweit. Meine Tochter hat einmal zu mir gesagt: «Etwas stimmt nicht bei dir, Mutter. Du bist so begabt. Aber du vertust deine Zeit damit, immer anderen zu helfen. Jetzt mach doch einmal etwas für dich. Aber bald, sonst könnte es plötzlich zu spät sein.» Ich habe sie beim Wort genommen. Ich habe meine Tagträume verwirklicht. Und eine Uhr habe ich meinem Vater – und damit allen Vätern – gewidmet. Die Star of the Day ist die Uhr, die alle Väter ihren Töchtern schenken sollten, damit die Töchter sagen können: Mein Vater ist sehr stolz auf mich.

So denkt, lebt und wirkt Gisèle Rufer, die Geschäftsfrau, die harte Arbeiterin. Eine schwierigere Aufgabe hätte sie sich vermutlich nicht stellen können. Sie lanciert ein Produkt auf einem überfüllten Markt, arbeitet Tag und Nacht, damit wenigstens ein minimaler Gewinn aus den Anstrengungen resultiert. Im Grunde jedoch verkauft sie eine Philosophie. Es ist ihre Philosophie, und eine schöne dazu: Nicht Geschlechterkampf, vielmehr Bejahung der gegenseitigen Wertschätzung. Diese Uhr ist die Vermittlerin. Doch dieses mechanische Wunderwerk braucht Botschafterinnen und Botschafter eines neuen Zeitgefühls, eines neuen Zeitabschnitts. Bekanntlich aber ist Zeit etwas Relatives – und «Gut Ding will Weile haben», heisst ein anderes geflügeltes Wort. Manchmal kommt eine Sache schlicht auch noch zu früh. Es kann aber plötzlich schnell gehen, wenn die Zeit – beziehungsweise die Menschen – reif dafür sind. Dass dies schon bald der Fall ist, wäre dieser Frau zu gönnen, einer Kämpferin, die an Frauensolidarität glaubt und in die Frauensolidarität investiert, fest überzeugt, dass sich der Erfolg früher oder später einstellen wird.

*Zeit haben heisst wissen,
wofür man Zeit haben will und wofür nicht*

Ursula Gebendinger:
Du bist nirgends so gut aufgehoben wie bei dir selber

Wer nach Beweisen sucht, was es mit der oft zitierten Dualität auf sich hat, sollte bei Ursula Gebendinger vorbeigehen. Sie lebt nämlich nicht nur Dualität, sie ist Dualität in ständiger Wechselwirkung und harmonischer Beziehung von Innen und Aussen, von Kopf und Bauch. Alles fliesst, ist harmonisch, weich. Da gibt es keine ruckartigen Bewegungen, keine harten Schnitte. «Gute Energien» und «Orte der Kraft» sind Begriffe, die sie im Verlauf des Gesprächs häufig braucht. Ihre neuen Büroräumlichkeiten, die sie erst vor einigen Monaten bezogen hat, liegen neben dem Kloster und der Stiftskirche St. Gallen. Das sind Orte der Kraft, und Ursula Gebendinger nimmt die von diesen Zentren ausgehenden Kraftlinien wahr, wenn sie an ihrem Holztisch sitzt und zeichnet.

Ich zeichne alle meine Entwürfe zuerst einmal von Hand, damit die Energien frei fliessen können. Wenn ich am Computer sitze, spüre ich dieses Fliessen nicht mehr. Am Bildschirm benötige ich die Technik, beschäftige ich mich mit den Details in meinen Arbeiten. Das Hantieren mit Pinsel oder Farbstiften und die Arbeit am Computer sind zwei total verschiedene Prozesse.

Ihre Kinder- und Jugendjahre verbrachte Ursula Gebendinger auf einem Bauernhof in Neftenbach. Erdverbunden war sie da, hatte im wahrsten Sinne des Wortes festen

Boden unter den Füssen. Diese Bodenständigkeit, diese Festigkeit geben ihr die Kraft, sich aus diesem Umfeld heraus weiterzuentwickeln. Aber Bäuerin stand nie auf ihrer Berufswunschliste. Sie wollte vielmehr Grafikerin werden. Die Begabung war da, alles andere lernbar. Nach einem Jahr Vorkurs an der Schule für Gestaltung in Zürich absolvierte sie erfolgreich die GrafikerInnenlehre in einem Werbebüro in der gleichen Stadt. Die Urkunde, die sie als «Eidgenössisch diplomierte Grafikerin» auswies, war der Lohn.

Ich spürte jedoch schon bald, dass mir diese Ausbildung nicht genügte. Es war überall dasselbe. Die Chefs besprachen sich mit den Kunden, ich erhielt dann lediglich die Aufgabe, die Arbeit auszuführen. In den kreativen Prozess, in die Planung, in die verschiedenen Entwicklungsphasen wurde ich nur am Rande mit einbezogen. Das war in erster Linie Chefsache. Dies war auch der eigentliche Grund für meine Weiterbildung. Ich spürte, dass ich auf diesem Gebiet noch ein Potenzial hatte, dass ich da noch zulegen, dazulernen konnte. Deshalb besuchte ich die Schule für Gestaltung in St. Gallen. Diese berufsbegleitenden Kurse dauerten vier Jahre, danach hielt ich das Diplom als «Visuelle Gestalterin HfG» in den Händen.

Aber nicht nur das, es war gleichzeitig auch der Moment für den Sprung in die Selbständigkeit. Ursula Gebendinger fing zu Hause ganz bescheiden an: Gearbeitet wurde in ihrer Wohnung, fotokopiert in der Garage. Nach zwei Jahren zog sie in eine bereits bestehende Bürogemeinschaft. Dieser Luxus, endlich im eigenen Büro zu sein, dauerte gerade drei Monate, dann meldete die Stammgemeinschaft Eigenbedarf an. Man vergrösserte sich, und Ursula Gebendinger musste für einige Zeit nach Hause zurückkehren, bis der Horizont sich wieder aufhellte und sie in das ersehnte eigene Büro ziehen konnte. Im Herbst 1999 schliesslich erfolgte der vorläufig letzte Umzug an die Gallusstrasse, dorthin eben, wo die guten Energien fliessen. Die geräumige Wohnung in der Altstadt teilt sie mit einem Kommunikationsberater. Und zusammen beschäftigen sie auch eine Sekretärin.

Diese Teilzeitmitarbeiterin ist für mich eine grosse Entlastung. Es sind die Banalitäten, die Kleinigkeiten, die einem so viel Zeit wegnehmen: Briefe schreiben, auf die Post gehen, den Kaffee für eine Sitzung vorbereiten. Verwaltungstechnische Arbeiten behindern meine schöpferischen Tätigkeiten. Je mehr mein Tag durch Kleinkram zerstückelt wird, desto weniger kann ich leisten. In solchen Belangen gehe ich mit mir grosszügig um, nur dann kann ich auch grosszügig arbeiten.

Ursula Gebendinger fing bescheiden an, räumlich wie finanziell. Zu Beginn tröpfelten zwar die Aufträge nur, aber im Grunde war sie froh, dass alles sehr langsam begann.

Für Grossaufträge wäre ich ja noch gar nicht ausgerüstet gewesen. Nach und nach merkte ich jedoch, dass das Telefon immer häufiger läutete, da ich weiterempfohlen wurde. Aber ich wurde nie übermütig. Schritt für Schritt wollte ich vorwärts kommen, und diese Strategie hat sich bewährt. Für das eigene Büro brauchte ich auch ein Startkapital. Ich liess mir mein Pensionskassenkapital ausbezahlen. Ich benötigte Geld für die Büroeinrichtung, für meinen Computer, für persönliche und Sachversicherungen. Drei Jahre hat diese Aufbauphase gedauert, dann hatte ich endlich genügend Kundschaft und stand wirklich auf eigenen Beinen.

Die Kardinalfrage ist also nicht: bescheiden oder grosszügig leben? Grosszügig denken, aber gleichzeitig bescheiden leben, grosszügig planen, jedoch bescheiden einkaufen, ist eine durchaus mögliche Lebenshaltung. So denkt und handelt die charmante und aufgestellte visuelle Gestalterin Ursula Gebendinger.

Es braucht ein hundertprozentiges Engagement. Ein Geschäft floriert nur, wenn man voll und ganz bei der Sache ist. Ich gebe meine Energien dort ein, wo es die Arbeit befruchtet.

Das heisst mit anderen Worten: sich in etwas vertiefen, sich hineingeben können und das Produkt, das entstehen soll, verinnerlichen. Bei ihr versteht man glasklar, was es bedeutet, wenn von Geben und Nehmen die Rede ist. Nur wenn die Arbeit so viel Freude macht, weil man nicht nur Geld verdienen, sondern etwas vermitteln und von sich geben will, nur dann kann ein Produkt wirklich gelingen.
Nicht mit allen Menschen lässt sich gleich gut und erfolgreich arbeiten. Chaotische Kunden sind ihr ein Greuel. In ihrem Beruf steht das partnerschaftliche Zusammenarbeiten im Vordergrund. Menschen, die strukturiert denken und handeln, mag sie am liebsten. Sie kann ihren schöpferischen, kreativen Spielraum nur nutzen, wenn die Kundin, der Kunde mitdenkt, wenn sie einen Draht haben, wenn die Energien fliessen. Darauf spielt sie an, wenn sie sagt, dass ein Arbeitsprozess verinnerlicht werden muss. Es bedeutet, sich sowohl mit dem Thema als auch mit Personen oder Zielgruppen zu befassen und sie zu verstehen versuchen.

Am allerliebsten arbeite ich an den Aufträgen, bei denen ich völlig freie Hand habe. Das war zum Beispiel bei der Gestaltung der Speisekarte für ein Restaurant in Herisau der Fall. Da kommt meine Kreativität voll zum Zuge. Aber ich liebe auch Aufträge, bei denen mehrere Personen involviert sind, wie es zum Beispiel bei der Patientenbroschüre im Auftrag der St. Gallischen Konferenz Leitender Spitalärzte der Fall war. Ein Grossauftrag war die Mitarbeit an der Kampagne für die Ständerats- und Nationalratswahlen 1999 der FDP des Kantons St. Gallen. Da steht dann die Arbeit im Team im Vordergrund. Verschiedene Leute von der Kundenseite mit zum Teil unterschiedlichen Vorstellungen sind mit von der Partie, genauso wie der Texter, der Fotograf und ich. Alle Beteiligten haben nach den Sitzungen und Besprechungen bis zum nächsten Meeting ihre Hausaufgaben zu erfüllen. So entsteht am Ende ein Produkt, zu dem ein ganzes Team stehen kann.

Das eigene Geschäft fordert von Ursula Gebendinger einen Sechs-Tage-Einsatz mit Zwölf-Stunden-Tagen. Aber dessen war sie sich von Anfang an klar, und das verlangt nicht nur von ihr selber, sondern auch von ihrem Mann grosse Flexibilität. Sie macht es sich nicht leicht. Aber sie ist überzeugt, dass jeder Mensch im Leben seine Aufgaben hat, dass alle sich weiterentwickeln und dazulernen müssen – das Ziel, beziehungsweise der Sinn, besteht eben gerade in diesem Weg. Sie steht voll zu dieser Ansicht und handelt mit Überzeugung danach. Darum wirkt sie nicht nur echt, ehrlich und damit auch offen, sie ist in jeder Beziehung tatsächlich so.

Wenn man anderen Menschen nichts vormacht, dann machen uns auch andere nichts vor. Das Leben lebt man dann, wenn es stattfindet. Bei mir findet es immer im Jetzt, in der Gegenwart statt, darum lebe ich auch so intensiv. Nie in der Hetze, aber immer aktiv.

Einen eigenen Beruf zu haben, ist das eine. Aber in diesem Beruf auch im wahrsten Sinne des Wortes selbständig zu werden, ist etwas anderes.

Da bin ich auch über meine eigenen Stolpersteine gestrauchelt, über meine Eigenheiten und Schwächen. Die Auseinandersetzung mit mir selber war zwar schwierig, aber sie hat mich weitergebracht. Ich wurde reifer und ausgeglichener. Dazu kommt aber noch etwas anderes. Die Führung eines eigenen Unternehmens, und sei es auch noch so klein, ist ein zusätzlicher Beruf. Das zu wissen, ist enorm wichtig. Ein eigenes Geschäft kompetent zu führen, braucht als Grundlage eine Ausbildung, sonst wird das Lehrgeld zu teuer. Daher sollten mehr Ausbildungen für JungunternehmerInnen angeboten werden, wie dies heute bereits an einigen Orten geschieht. Durch Erika Bigler, der Koordinatorin von NEFU Ostschweiz, hörte ich von diesem Frauen-Netzwerk, das für mich schon bald sehr wichtig werden sollte. Einerseits profitierte ich von den Erfahrungen anderer Frauen, andererseits hat mir das Netzwerk auch Aufträge von aussen gebracht.

Die folgende Geschichte illustriert diese Aussage: Für den NEFU-Auftritt am internationalen Unternehmerinnen-Forum in Konstanz konzipierte Ursula Gebendinger den Messestand samt Flyer. Dieser attraktive Auftritt stach dem baden-württembergischen Gewerbeamt ins Auge, und prompt folgte eine Einladung an die Intertech, eine technische Messe in St. Gallen. Dort nahmen wieder andere Besucher von ihrer Arbeit Kenntnis und wurden zu überzeugten neuen Kunden. Öffentlichkeitsarbeit ist für Ursula Gebendinger daher enorm wichtig. Vernetzungen gehören für sie zum Zeitgeist des neuen Jahrtausends.

Hand in Hand müssen wir gehen, miteinander und nicht gegeneinander. Beruflich und privat. Verbündete sollten wir sein, nicht Gegnerinnen und Gegner. Wir können auch voneinander lernen, Frauen von Frauen, Männer von Männern, Frauen von Männern und Männer von Frauen. Ich spüre natürlich, dass wir Frauen immer noch weniger ernst genommen werden als die Männer. Deshalb ist es auch besonders wichtig, dass wir unsere beruflichen Tätigkeiten auslagern. Eine Frau zwischen Kochherd und Computer wird nicht ernst genommen. Welcher Mann arbeitet schon zu Hause? Wenn wir dann in unseren eigenen Räumlichkeiten wirken, sollten wir als Erstes eine weibliche Eigenart ablegen: Ich mache immer wieder die Erfahrung, dass sich manche Frauen nicht selbstbewusst genug präsentieren. Vor geschäftlichen Besprechungen brauchen sie oft zuerst persönliche Gespräche zur Vertrauensbildung, oder sie reden sich irgendwelche privaten Probleme von der Seele. Erst dann folgt der Einstieg in die Sache. Männer sind da sachbezogener. Sie reden in der Regel über die Dinge, die an der Sitzung besprochen werden müssen! Nichts gegen Smalltalk, aber alles zu seiner Zeit.

Alles zu seiner Zeit, zu ihrer Zeit, die sie in jeder Beziehung ausgeglichen nutzt. Ich habe sie weder über ihre Sechs-Tage-Woche noch über die Zwölf-Stunden-Tage klagen gehört. Das hätte mich eigentlich auch gewundert. Sie nutzt die Zeit in einer bemerkenswerten – und in der Regel unüblichen – Art. Sie lebt nicht nach der Zeit, sie ist ein Teil davon, innen und aussen. Deshalb der Satz: Zeit haben heisst wissen, wofür man Zeit haben will und wofür nicht.

*Man muss etwas unternehmen,
um etwas zu bewegen*

Gertrud Rebsamen Neff:
Diskretion ist das oberste Gebot in unserer Branche

Diese Frau hat den richtigen Beruf gewählt: Treuhänderin. Und das war sie eigentlich schon immer, zum Beispiel – in erweitertem Sinne – in der Familie, wo es letztlich auch darum geht, «Kapitalien» zu verwalten und zu mehren. Beruflich erledigt sie nun Buchhaltungen, Steuererklärungen für Privatpersonen und Unternehmen, ist Revisionsstelle, übernimmt Liegenschaftsverwaltungen, kümmert sich um Erbteilungen, bietet Hand bei Budgetberatungen. Der Umgang mit Geld gehört zu ihrem täglichen Brot. Trudi Rebsamen Neff bietet individuelle und persönliche Beratung und Betreuung, erarbeitet massgeschneiderte Konzepte und Lösungen. Sie betreibt seit dem 1. Januar 1990 sozusagen Haute Couture, ihre Dienstleistungen kommen nicht von der Stange!
Mich erstaunt nicht, dass Gertrud Rebsamen Neff diesen Beruf gewählt hat, denn sie hat jahrelang den Umgang mit Situationen geübt, in denen kein Geld vorhanden war.

Ich wollte immer in die Schule gehen, wollte etwas lernen, studieren. Aber die Wirklichkeit sah anders aus. Ich war das älteste von sieben Kindern und musste seit meinem 13. Lebensjahr Geld verdienen. Das begann mit Kinderhüten, später arbeitete ich in einer Arztfamilie. Dort habe ich den Haushalt besorgt, von morgens sechs Uhr bis abends acht Uhr. Kontrolliert, ob alles blitzsauber war, hat Madame persönlich. Mit weissen Handschuhen! Ge-

gessen habe ich in der Küche. Später ging ich in den Verkauf. Mit dem wenigen ersparten Geld leistete ich mir dann einen Schreibmaschinen- und einen Buchhaltungskurs, da ich noch mehr lernen, mich weiter ausbilden wollte. Aber dann heiratete ich, bekam zwei Kinder und war zehn Jahre lang nur noch Mutter und Hausfrau. Geld hatten wir wenig. 300 Franken Haushaltgeld pro Monat mussten ausreichen, 30 Zehnfrankenscheine waren unser Budget, einer für jeden Tag. Und hatte der Monat 31 Tage, so musste ich jeweils von diesen zehn Franken noch einen Teil für diesen Tag zurücklegen. In einem weiteren Couvert lagen 20 Franken als Notreserve, falls wir einmal mit einem Kind im Taxi zum Arzt oder ins Spital fahren müssten. Das alles bereitete mir keine Schwierigkeiten, ich konnte mich immer nach der Decke strecken. Andererseits habe ich während dieser zehn Jahre ständig gekränkelt! Das konnte auf die Dauer nicht mein Leben sein, die Tage mehr oder weniger zuhause zu verbringen. Ich begann wieder, teilzeitlich zu arbeiten, und 1979 entschloss ich mich für eine Ausbildung auf dem zweiten Bildungsweg mit KV-Abschluss und berufsbegleitender Ausbildung zur Treuhänderin mit eidgenössischem Fachausweis.

Wie sieht der Alltag einer Frau aus, die sich entschliesst, neben den Anforderungen als Mutter, Hausfrau und Teilzeitangestellte noch eine Ausbildung zu absolvieren?

Die Tage inklusive Wochenenden waren lang und intensiv. Jeden Sonntag bin ich um fünf Uhr morgens aufgestanden, habe meine Aufgaben gemacht und gelernt, bis um neun Uhr die Familie an den Frühstückstisch kam! Besuche hatten wir nie, Einladungen waren kein Thema mehr, ausgehen lag nicht mehr drin! Alle sozialen Kontakte lagen auf Eis. Erst nach diesen fünf Jahren, als ich mein Diplom in den Händen hielt, machte ich ein Fest mit unse-

ren Bekannten, Freundinnen und Freunden. Auf der Einladung stand: «Ich bin wieder da!»

Dieses ganze Paket war eigentlich schon schwer genug. Aber wenn eine schon am Schleppen ist, dann wird ihr meist noch mehr aufgehalst. In diese Zeit fiel auch die Trennung und Scheidung von ihrem Mann. Nach 19 Ehejahren. 1984 wurde so zum Jahr der Neuanfänge, der privaten wie der beruflichen.
Trudi Rebsamen Neff fand eine gute Stelle, und auch das Privatleben sah wieder sonniger aus. Eine neue Beziehung liess die initiative Frau, die zwar am liebsten in Ruhe und alleine arbeitet, aber tief in ihrem Innersten auch Wärme und Geborgenheit sucht, gesunden und auftanken. Dieser private Anker gab ihr den Mut, den Sprung in die Selbständigkeit zu wagen. Mit dem beruhigenden Gefühl, dass ihr eigentlich nichts wirklich Schlimmes mehr passieren könne – ihr Mann brachte ein festes Einkommen nach Hause –, wagte sie den Schritt. Sie war sich allerdings des Risikos bewusst, dass etwas hätte schief gehen können.
Doch wie so oft im Leben spielte auch bei ihr der Zufall eines Tages Schicksal. Oder das Schicksal Zufall – je nach Standpunkt und Ansicht. Eine Freundin, die sich schon früher selbständig gemacht hatte, suchte neue Büroräumlichkeiten. Bei einem gemeinsamen Nachtessen teilte sie ihr mit, dass sie Räume gefunden habe und sagte ganz nebenbei: «Übrigens hätte es für dich dort auch noch Platz.»

Diese Bemerkung setzte sich bei mir fest und liess mich nicht mehr los. Nicht ganz alleine zu sein. Die Möglichkeit für einen Gedankenaustausch, ein Netzwerk, eine vorhandene Infrastruktur zu haben, faszinierte mich. Was bei einem Nachtessen so nebenbei ins Gespräch geworfen wurde, bekam bald klare Umrisse. Ich kündigte meine Stelle – und hatte anschliessend wider Erwarten doch kein

Büro. Bei genauerem Hinsehen stellten wir nämlich fest, dass es viel zu klein für zwei Personen war. Zurückkrebsen? Nein. Also suchte ich ein eigenes Büro und richtete mir einen bescheidenen Arbeitsplatz ein mit den allernotwendigsten Arbeitsutensilien: PC, Software für Buchhaltung und Löhne, Textverarbeitung. Ein Faxgerät besass ich damals noch nicht, auch keinen Kopierer. Aber ich hatte dafür bereits zwei Kunden, von denen ich sicher wusste, dass sie zu mir kommen würden. Nur war mir auch bewusst, dass es damit geschäftlich noch nicht so weit her war, denn der eine würde mir 1000 Franken pro Jahr einbringen, der andere 800.

Aller Anfang ist bekanntlich schwer. Inserate brachten nichts. Der Versand von Unterlagen mit dem Angebot von ihren Dienstleistungen führte auch nicht weiter. Sie wusste: Ein Markt ist vorhanden, potenzielle Kunden sind genügend da. Aber sie wusste auch: Um eine Stammkundschaft aufzubauen, braucht es Zeit. Doch solange mich niemand kennt, werde ich auch nicht weiterempfohlen! Und sie fand ein Hintertürchen. Wie würden Sie eine Treuhänderin, einen Treuhänder suchen? Klar. Man erkundigt sich bei Freunden, Bekannten, im Geschäft.
Genau so funktionierte es auch bei Gertrud Rebsamen Neff. Ihr ehemaliger Chef war froh, einige Arbeiten auslagern zu können. Als Erstes übertrug er ihr gleich eine Riesenaufgabe: Ein Nachlass musste geregelt werden. Dieser Auftrag lastete sie im ersten Jahr schon zu einem guten Teil aus. Ein Mann, der sie kannte, kannte eine Frau, die wiederum eine vertrauenswürdige Frau suchte. Die empfehlende Mundpropaganda funktionierte, brachte sie weiter. Während der ersten vier bis fünf Jahren arbeitete sie allerdings noch nicht voll, damals war noch etwas Luft drin. Freie Wochenenden waren die Regel, und manchmal hörte sie bereits um vier oder fünf Uhr mit der Arbeit auf.

Tempi passati! Heute beginnt ihr Tag um sieben Uhr morgens, und vor sieben Uhr abends wird der Schlüssel nicht umgedreht. Auch die Wochenenden sind nicht mehr so frei wie einst. Die Tage werden immer länger, die Freizeit entsprechend gering.

Ich stehe heute tatsächlich vor der Frage, ob ich Kundinnen und Kunden abbauen oder fachkundiges Personal anstellen soll? Meine Tochter arbeitet bereits als Sekretärin mit, ausserdem beschäftige ich eine Praktikantin. Aber auch meinem Mann gebe ich zu tun: Er hat eine geregelte Arbeitszeit, macht den Haushalt, kauft ein, kocht, besorgt die Wäsche. Mir bleibt nur nach das Bügeln! Ich bin ein Glückspilz.

Dieser Erfolg kam natürlich nicht einfach so über Nacht. Ausdauer ist eine Stärke von Trudi Rebsamen Neff, Disziplin auch. Und in ihrem Beruf pflegt sie noch etwas ganz Wichtiges: die ständige Bereitschaft, sich weiterzubilden. Da verändern sich pausenlos Reglemente, da werden neue Gesetze festgelegt, Verordnungen entstehen, werden angepasst oder verschwinden wieder. Sie wollte nie nur, wie sie es selber formuliert, «einen Chrümscheli-Shop», sondern ein professionelles Büro, wollte nie nur ihr Hobby finanzieren, sondern auf eigenen Beinen stehen. Und das kann sie seit einigen Jahren mit ihrer eigenen Firma.

Wenn jemand nicht bereit ist, eine genaue Kalkulation auf die Beine zu stellen, sollte er oder sie die Finger von einem eigenen Geschäft lassen. Meine Ausgaben sind regelmässig sehr hoch. Ich brauche jedes Jahr ein neues Update für das Steuerprogramm. Die Versicherungen für mein Geschäft belaufen sich auf mehrere tausend Franken. Ich musste zu Hause einen zweiten, gleichen Computer anschaffen, nicht zuletzt als Back-up-Möglichkeit für alle Fälle. Eine Krankentaggeldversicherung, die zwar erst nach einem Monat in Kraft tritt, belastet das Budget ebenfalls. Weiter fallen die Löhne der Mitarbeiterinnen an. Und die Zahlungsmoral der Kunden ist leider auch nicht gerade so, dass sie es nicht erwarten können, mir mein Guthaben zu überweisen. Ich benötige daher finanzielle Reserven.

Wäre es unter diesen Umständen nicht viel billiger, Geschäft und Wohnung zu kombinieren?

Billiger wäre es sicher. Aber ich bin eine Geschäftsfrau und nicht eine grüne Witwe, die nebenher ein bisschen arbeitet. Sonst könnte ich gleich auf die Stör gehen. Ich empfange Kundinnen und Kunden bewusst in meinem Büro und nicht zu Hause, denn ich empfinde mich nicht als berufstätige Haus-, sondern als Berufsfrau. Wie schnell denkt man doch zu Hause: Ach, heute kommt niemand, da muss ich mich nicht speziell ankleiden, muss mich nicht zurechtmachen, das aber würde sich auf die Arbeit auswirken.

Und auf diese Worte folgt ein lauter, klarer Appell an alle Frauen:

Nehmt euch das zu Herzen. Entweder ihr habt einen Beruf, den ihr ernsthaft auszuüben gedenkt, dann gibt es nur eine Devise: Verlasst das Haus und mietet ein Büro. Oder aber – und das sind zwei Paar Stiefel – ihr wollt nebenher ein bisschen Sackgeld verdienen, dann könnt ihr die Tätigkeit zu Hause ausüben. Und noch etwas nehme ich für mich in Anspruch: Diejenige, die mir am Morgen beim Zähne putzen «Guten Tag» sagt, muss mir sympathisch sein.

Trudi Rebsamen Neff ist keine harte Frau. Zweifel, ob ih-

re Entscheidung richtig war, hat sie immer wieder. Und manchmal stellt sie sich die Frage, ob sie sich wirklich alles bieten lassen müsse. Da reklamieren nämlich Kunden, weil sie sich erhofft hatten, dass ihre Treuhänderin mehr raushole, als es dann im Endeffekt ausmacht. Oder da posaunt der Firmenvertreter ihres defekten PCs, dass er sich doch von einem Weib nicht sagen lasse, was er machen müsse. Ein anderer ist der Ansicht, ihr Stundenansatz sei zu hoch.
Dabei ist er eher zu tief. Und da liegt vielleicht die persönliche Schwäche von Trudi Rebsamen Neff. Etwas mehr Selbstwertgefühl dürfte sie sich ruhig zugestehen.

Wenn es ums Geld geht, müsste ich eine Zauberin sein. Damit die Rechnung nicht so hoch wird, schreibe ich nie alle Stunden auf. Auch eine erste Besprechung berechne ich nicht vollumfänglich. In meinem Beruf braucht es sehr viel gegenseitiges Vertrauen, deshalb müssen meine potenziellen Kunden und ich die Möglichkeit haben, uns zuerst abzutasten. Nur wenn wir von beiden Seiten her spüren, dass diese Vertrauensbasis da ist, können wir zusammen ins Geschäft kommen.

Aus diesem Grund schreibt sie so ungern Rechnungen. Dabei müsste doch «Geld reinholen» eine angenehme Beschäftigung sein! Eine Liste mit offiziellen Tarifstrukturen der Treuhandkammer existiert zwar und liegt neben dem Telefon, aber damit hat es sich meist, denn Trudi Rebsamen Neff mogelt mit ihren Stunden – zu Gunsten ihrer Kundschaft wohlverstanden. Sie tröstet sich damit, dass dies unter Frauen eine weit verbreitete Krankheit sei. Beim NEFU sei sie da übrigens in guter Gesellschaft, verrät sie mir. Im Gespräch mit anderen Frauen habe sie immer wieder erfahren, dass viele Frauen Mühe bekommen, wenn sie für ihre Leistungen ein entsprechendes Honorar

verlangen sollten. Der Gedankenaustausch, die Gespräche mit anderen NEFU-Frauen waren für Trudi Rebsamen Neff stets wichtig, gehört sie doch zu den Frauen der ersten Stunde dieses Netzwerkes. Sie organisierte deshalb – zusammen mit einer Kollegin – bald schon sämtliche NEFU-Treffen im Raum Zürich und gibt ihr Wissen ausserdem in günstigen Weiterbildungsangeboten an andere NEFU-Frauen weiter.
Die Bilanz nach 10 Jahren präsentiert sich auch mit der genannten Einschränkung höchst positiv. Trudi Rebsamen Neff ist eine wirklich selbständige Frau. Mit ihrem heutigen Einkommen verursachen ihr Monate mit 31 Tagen keine Angst mehr. Aber von einem Acht-Stunden-Tag oder von einer Fünf-Tage-Woche ist keine Rede. Ferien ja, in Häppchen von einer, manchmal auch von zwei Wochen. Der Preis? Für Trudi Rebsamen Neff stimmt er. Die zentrale Frage war für sie: Profi oder bezahltes Hobby? Sie hat sich für den ersten Weg entschieden und bereut es nicht. Was kann es letztlich Schöneres geben, insbesondere dann, wenn auch noch das Umfeld stimmt.

*Ich lache gerne –
für meine Gäste (und für mich)*

Maja Schneiter:
Vom Glücksgefühl im Bauch trotz eines 16-Stunden-Tags

Zünfte sind immer noch Männerdomänen. Nicht so das «Restaurant zur Schuhmachernzunft» in Basels Innenstadt. Dieses gediegene Lokal ist ganz in Frauenhand. Schon beim Betreten der Gaststube lässt die Ambiance ahnen, dass hier eine Frau ihre Hand im Spiel hat: Schöne weisse Tischtücher und Servietten liegen auf den Tischen, Blumenschmuck ist im ganzen Raum verteilt. Die Topfpflanzen stehen in weissen Porzellangefässen, Schnittblumen sind fachkundig arrangiert in passenden Vasen. Kerzenlicht und kleine Tischlampen sorgen für eine angenehme und gemütliche Stimmung.
Ich beobachte die Gäste. Zufrieden und entspannt sitzen sie an ihren Tischen, auch wenn noch geschäftet wird, andernorts wird einfach geplaudert. In der Karaffe hat es etwas Wein übrig, man nimmt sich Zeit, Hetze hat hier keinen Platz. Zum letzten Glas einen Espresso, für den einen Herrn eine luxuriöse Zigarre, ein anderer entscheidet sich für einen Calvados. Es ist 14 Uhr, bald 14.30 Uhr, schliesslich 15 Uhr. Ein kurzes Gespräch mit der Chefin, ein Lachen, dann die zweite Espresso-Runde.
Maja Schneiter heisst die aufgestellte, elegante und sinnliche Chefin. Sie ist 38 Jahre alt und führt dieses Restaurant seit 1993, seit 1995 auf eigene Rechnung.

Ich habe mir einen Traum erfüllt. Mein Ehrgeiz war, zum besten Restaurant der Innerstadt zu werden. Das «Restau-

rant zur Schuhmachernzunft» sollte ein Treffpunkt werden für Geschäftsleute und für private Diners, Einladungen und Feiern. Die Menschen in und um Basel sollten wissen: An der Hutgasse 6, im 1. Stock, herrscht eine gemütliche und gediegene Ambiance, hier werden wir verwöhnt, betreut, hier können wir ausspannen, auftanken und geniessen.

Es blieb nicht beim Traum. Doch wie sieht ein solcher Traum bei Tageslicht betrachtet aus? Die Frau, die ihn geträumt und auch verwirklicht hat, wirkt keineswegs abgespannt. Im Gegenteil. Sie ist elegant, jugendlich, attraktiv. Und sie strahlt:

Ich bekomme meine Energie von meinen Gästen. Das ist ein kontinuierliches Geben und Nehmen in einer ansprechenden Atmosphäre, trotz Präsenzzeiten von normalerweise mindestens zwölf Stunden. Oft sind es auch 14 oder gar 16 Stunden.

Dafür wird das Restaurant an den Wochenenden nur ausnahmsweise geöffnet, zum Beispiel für einen Privatanlass von guten Kunden. Samstag und Sonntag braucht Maja Schneiter um aufzutanken, da stehen Gartenarbeit oder lange Spaziergänge auf dem Programm, Ausschlafen, Faulenzen, oder aber ein Besuch bei der Coiffeuse ist angesagt. Die Sommerferien dauern sieben Wochen, über die Weihnachts- und Neujahrsfeiertage steht man ebenfalls vor geschlossenen Türen. Alles andere wäre Selbstausbeutung.

Nach jeden Sommerferien verschickt Maja Schneiter einen Brief an ihre Kundinnen und Kunden. Auf der Aussenseite ist ein Ausschnitt oder irgendein Detail aus ihrer Gaststube abgebildet. Auf den Innenseiten findet sich ein Gedicht, ein Dankeschön für das Vertrauen und die Treue. Und natürlich das Datum der Wiedereröffnung,

vielleicht noch verbunden mit Hinweisen auf kommende, spezielle Anlässe, wie zum Beispiel die bereits schon traditionelle «Stadt-Metzgete».
Einmal liess sie in einem solchen Schreiben den Tisch von seinen Erlebnissen erzählen, dessen Gefühle den ihren sehr ähnlich sein könnten.

Der Tisch
Er ist dabei, gehört dazu, und immerzu bewahrt er Ruh. Bewegt sich nur, wenn wir es wollen, froh wärn wir dann, wär er auf Rollen.
Er sagt nie was, hört doch so viel, von Sorgen, Freuden und vom Lebensspiel. Geschichten wüsst er wohl ganz lange, doch bleibt er still, sonst würds uns bange.
Es wird erzählt von Linken und von Rechten, von guten Menschen und von schlechten, von dicken, dünnen und von grossen, von solchen, die auch manchmal etwas «bosgen».
Auch diese gibts bei ihm am Tisch, bei denen ist die Lieb ganz frisch. Dann sitzen sie im siebten Himmel, geflüstert wird im Kerzenschein, als wärn die beiden ganz allein.
Und immer wieder ist es so, darüber ist der Tisch sehr froh. Wie traurig wärs so ganz alleine, in irgendeiner alten Scheune. Hier ist was los, er wird gebraucht, es wird gelacht, gespiesen und geraucht.
Es stört ihn nicht, er bleibt da stehn, auch wenn sie immer wieder gehen. Er weiss es ja, sie kommen wieder, von vorne hört er Lebenslieder.

Der Lebensweg einer Frau, die seit fünf Jahren alleine ein Spitzenrestaurant führt, war und ist hart. Voraussetzung für den Erfolg waren ein eiserner Wille, gute Kondition, Gesundheit, Selbstbewusstsein. Und dann: lernen, lernen, lernen.
Maja Schneiter hat nach der Pflichtschulzeit den damals

beinahe obligatorischen Welschlandaufenthalt absolviert. Bei einer sehr gediegenen Familie, chic und vornehm.

Da habe ich zum ersten Mal gedacht: So möchte ich das auch einmal haben. Dann folgte die Ausbildung zur Hotelfachassistentin, und dabei kam die Grossmutter ins Spiel. Sie entdeckte nämlich eines Tages in ihrem Leibblatt «Leben und Glauben» ein Inserat: «Gesucht Au-pair-Mädchen nach Montreal.» Sie schnitt es aus und legte es mir unübersehbar vor die Nase. Da in Montreal ausserdem zwei Familienangehörige wohnten, schien die Sache nicht allzu abenteuerlich, und man liess mich ziehen. Auch dort lebte ich wieder bei einer sensationellen Familie mit vier kleinen Kindern. Die Mutter war Psychiaterin, der Vater Politiker. Ich blieb drei Jahre in Kanada, das letzte Jahr habe ich an der Rezeption im Hotel «Four Seasons» gearbeitet. Nach meiner Rückkehr suchte ich einen Job in meinem Beruf. Da ich nichts Passendes fand, nahm ich eine Stelle auf einer Bank an. Da war ich dauernd unterfordert. Als mir diese Art von «Nicht-Arbeit» zu langweilig wurde, wechselte ich in die Computerbranche. Dort blieb ich drei Jahre lang. Als Telefonistin begann ich, dann rückte ich zur Sachbearbeiterin auf, schliesslich beförderte man mich in den Verkauf im Aussendienst. Ich war 21 Jahre jung, bekam ein Auto, war anfangs total überfordert, lernte jedoch schnell – und verdiente viel Geld.

Die Computerfachfrau im Aussendienst traf auf einen Mann am Kochherd. Sie heirateten und übernahmen das Restaurant «Säge» in Flüh in der Nähe von Basel. Maja Schneiter kümmerte sich um die Gäste, verantwortete das Marketing, sorgte für die Werbung. Die Küche hingegen war das Reich ihres Mannes. Diese private und berufliche Verbindung nahm der selbständigen, unabhängigen jungen Frau jedoch zu viel von ihrer Identität, sie trennte sich nach einiger Zeit wieder von Mann und Restaurant. Im Frühjahr 1995 bot sich ihr schliesslich die Gelegenheit, das «Restaurant zur Schuhmachernzunft» zu übernehmen.

Das war die Erfüllung meines Traumes. Ich musste das Wagnis einfach eingehen. Geld hatte ich zwar keines, also nahm ich einen Kredit auf. Die Gaststube sollte hübsch aussehen, gediegen. Ich kaufte in sämtlichen Brockenhäusern alte Familienfotos auf, damit schmückte ich die Wände. Was ich privat an Stilvollem besass, zügelte ins Restaurant. Viel Teures musste ich noch dazukaufen.

Die alten Fotos wurden durch Maja Schneiter wieder zu neuem Leben erweckt, sie erzählen Familiengeschichten von früher. Genau so wie die alten Tische, die schon Generationen von Menschen zugehört haben und noch zuhören werden. Die Restaurantführerin brachte eine ganz spezielle Ambiance in diese Stube, ein Stück lebendiger Vergangenheit.

Werbung habe ich nicht gross gemacht. Ich informierte unsere ehemaligen Kundinnen und Kunden, die ich vom Restaurant «Säge» her kannte, die Zeitschrift «Regio» brachte ausserdem einmal einen wunderschönen Artikel über mein neues Restaurant, das hat mir sehr geholfen. Aber ich wusste: Das Allerwichtigste wird immer der Kontakt zu meinen Gästen sein. Für sie will ich da sein, sie betreuen, beraten. Ich war mir bewusst, dass nur zufriedene Leute mich weiterempfehlen. Und so ist es auch heute noch.

Maja Schneiter nimmt die Bestellungen selber auf, geht auf die Wünsche ihrer Gäste ein, die oftmals nicht einmal mehr in die Speisekarte sehen wollen, da sie aus Erfahrung wissen, dass die Beratung der Chefin persönlich die beste

Entscheidungsgrundlage ist. Dieser Einsatz bedeutet aber eben auch ständige Präsenz. Eine andere Frage stellt sich sofort: Ist eine erfolgreiche Frau in diesem Beruf eine Selbstverständlichkeit? Sie lacht.

Ich hätte nie geglaubt, dass der Neid so gross sein kann. Sie trauten mir das alle nicht zu. Die böseste Bemerkung, die mir zu Ohren kam, lautete: «Aha, die Frau wirtet jetzt selber. Das wird nicht lange gut gehen.» Ist ein Mann elegant und charmant, dann ist er erfolgreich und toll. Einer Frau traut man das nicht zu. Doch heute kümmert mich das nicht mehr. Ich habe mir selber bewiesen, dass auch eine Frau auf diesem Sektor erfolgreich sein kann.

Welches Konzept steht hinter diesem Erfolg? Neben dem totalen Einsatz der Chefin selber gibt es noch ein paar andere, absolute Notwendigkeiten. Sie arbeitet zum Beispiel nur mit ausgebildetem Personal, Männer in der Produktion, Frauen an der Front. Eine solch klare Aufgabenteilung verhindert unnötige Reibereien zwischen Männern und Frauen.

Drei Jahre hat sie investiert, bis sie – nach ihren eigenen Worten – gut verdiente. Eine seriöse Geschäftsfrau zu sein, ein genaues Budget zu erstellen und einzuhalten, waren für sie die Voraussetzungen zum Erfolg. Da in einem derartigen Unternehmen extrem viele regelmässige und hohe Ausgaben anfallen, muss auch die Bruttorendite entsprechend hoch sein.

Dazu kommen die Vorsorgeversicherungen. Je nach Bedürfnissen sind diese bekanntlich nicht gerade billig. Aber Maja Schneiter spielt nicht auf Risiko. Sollte sie je arbeitsunfähig werden, müsste sie ihren Lebensstandard nicht grundlegend ändern.

Das Angebot in ihrem Restaurant ist hauptsächlich saisonal zusammengestellt, manchmal französisch, schweizerisch, italienisch oder auch von einem Hauch Asien inspiriert. Es gibt vier Karten pro Jahr, dazu die Tagesangebote. Und sollte Maja Schneiter einmal nicht anwesend sein, so hat sie ein weiteres Ziel erreicht: Ihre Mitarbeiterinnen und Mitarbeiter sind so ausgebildet, dass sie beruhigt und in der Gewissheit, dass es auch ohne sie läuft, einmal zwei, drei Tage auf Einkaufstour gehen kann. Trotzdem empfindet sie natürlich Freude, wenn sie nach ihrer Rückkehr jeweils ein paar Vermisstmeldungen vorfindet. Sie isst im Übrigen selber auch gerne, am allerliebsten Teigwaren. Nudeln macht sie selber, in den Ferien auf dem Schiff, mit der eigenen Nudelmaschine.

Der Preis für das alles? Ich meine nicht denjenigen, den Gäste für ein Menu-Surprise entrichten müssen, ich denke vielmehr an den persönlichen. Der Zeitraster für Maja Schneiter ist eng und anstrengend. Vor ein Uhr nachts ist sie selten zu Hause, um neun Uhr steht sie wieder auf den Beinen. Eine neue Beziehung gibt ihr Kraft und Gelassenheit. Er ist der Mann, der sie in die Arme nimmt und sagt: «Sorge dich nicht, das ist doch alles nicht so schlimm.» Er ist aber auch der Mann, der während der Woche im Ausland arbeitet, das gibt ihr wiederum die Ruhe, unbeschwert und ohne Gewissensbisse ihrer Arbeit nachzugehen. Fünf Tage Beruf, zwei Tage Privatleben. Kinder?

Ich bin 38 Jahre alt, mein Freund hätte gerne Kinder. Dieser Entscheid ist noch nicht gefallen. Ich bin Realistin genug, um zu wissen, dass beides nicht geht, sonst lande ich in der Irrenanstalt. Genauso wie ich das Restaurant gut führe, möchte ich gegebenenfalls auch eine gute Mutter sein.

Daran ist nicht zu zweifeln. Ich bin gespannt, welche Planungsentscheide Maja Schneiter in den nächsten Jahren auf diesem Gebiet fällt. Sicher bin ich, dass sie eine neue Situation mit gleicher Hingabe erfolgreich meistern würde.

Das Glück ist nicht im fremden Land, auch nicht auf einem andern Stern – nur im Wörtlein: Habt euch gern!

Anita Messerli:
Emanzipiert sind die Frauen, die im Erwerbsleben mit ihrem Mann am gleichen Strick ziehen

Emanzipiert sein heisst, selbständig sein, Verantwortung zu Gunsten einer Gemeinschaft, einer Familie übernehmen. Emanzipiert sind für mich deshalb auch jene Frauen, die im Erwerbsleben mit ihrem Mann zusammen am gleichen Strick ziehen.

Die Bäuerin Anita Messerli vertritt vehement ihre Meinung, denn sie weiss, wovon sie spricht. Damit die Familie ihr Auskommen hat, muss sie nicht nur auf dem Bauernhof arbeiten, sie muss auch ihre beiden Geschäfte auf der «Kellenweid» führen. Da ist erstens ihr Kalligraphieatelier «Zum Tintefässli», wo Taufscheine, Urkunden, Weinetiketten, Glückwunsch- und Trauerkarten, Spanschachteln, Bienenwachskerzen, bemalte Kerzen und vieles andere mehr entstehen. Seit einem Jahr gehört nun aber auch noch «das Buurehof-Beizli mit dem besonderen Ambiente» dazu. Warum dieses Zweigespann? Die Antwort ist einfach:

Unser Bauernhof liegt in der Bergzone. Seit die Preise gesunken sind, verdienen wir mit der Landwirtschaft nicht mehr genug, wir betreiben nur noch wenig Ackerbau. Also musste ich mich nach einer Nebenarbeit umsehen, und das ergab sich eigentlich einfach so, eines aus dem andern. Wenn sieben Leute Eier anbieten, dann macht es wenig Sinn, wenn ich die achte bin, also mache ich etwas anderes!

Das ergibt sich einfach so, eines aus dem andern. Das sagt sich so leicht und hört sich auch so leicht an aus dem Munde einer Frau, die nachgerade drei Berufe ausübt. Sie ist ursprünglich eine Städterin aus Urdorf bei Zürich und als gelernte Telefonistin in ihrer jetzigen Tätigkeit eine Quereinsteigerin. Und sie hatte es auch nicht so geplant. Aber eines Tages verliebte sie sich in Fritz Messerli, und der war Bauer. Sie überlegte auch nicht, ob eine Heirat mit ihm wohl gut gehen könnte oder nicht. Sie tat es ganz einfach. Und es ging und geht gut, seit 25 Jahren. Als Erstes absolvierte sie gleich einmal die Bäuerinnenschule. Das nahm den kritischsten Stimmen, die es selbstverständlich gab, den Wind aus den Segeln. Sie wollte selber mit Hand anlegen. Jetzt leben drei Generationen auf dem Hof: der Schwiegervater, das Ehepaar Messerli und ihre drei Kinder. Das hört sich recht idyllisch an: eine Grossfamilie wie zu Gotthelfs Zeiten. Jedoch auch eine mit allen dazugehörenden Generationenkonflikten – ebenfalls wie schon zu jenen Zeiten! Was aber auf dem Bauernhof «Kellenweid» in Oberbütschel vor allem zählt, ist das Wort «miteinander». Die nächsten Nachbarsleute wohnen 500 Meter entfernt, und bis zur nächsten Hauptstrasse sind fünf Kilometer zurückzulegen. Anita Messerli heiratete also nicht nur einen Bauern, sie wurde auch Bäuerin auf einem abgelegenen Bauernhof. Hin und wieder schaffte ein Ausflug nach Bern etwas Abwechslung, und gelegentlich brachte der Briefträger Post. Oase pur. Doch im Laufe der Jahre wurde sich Anita Messerli bewusst, dass sie nicht nur im Garten jäten wollte.
Es begann ganz harmlos. Zusammen mit anderen Bauersfrauen aus der Region besuchte sie einen Kurs für Brandmalerei, dann noch einen Schönschreibkurs und fand dadurch zur Kalligraphie. Ihre Kolleginnen machten dabei allerdings nicht mehr mit. Nur Anita Messerli nahm den weiten Weg nach Basel auf sich, wo sie von Andreas Schenk

in diese Kunst eingeführt wurde. Eine Zusatzausbildung an der Kunstgewerbeschule in Bern brachte ihr noch den letzten Schliff. Schriften aus verschiedenen Zeitepochen, geschrieben mit speziellen Federn und Tusche oder Tinte, auch mit Acrylfarben und Pinsel, wurden ihre Leidenschaft. Sie eröffnete ihr erstes Geschäft beileibe nicht etwa in der Stadt oder in einem Dorf, sondern auf ihrem abgelegenen Bauernhof. «Zum Tintefässli» nannte sie es.

Heutzutage, im Computerzeitalter, gibt es nicht mehr viele Menschen, die dieses alte Handwerk beherrschen: Handgeschriebene Taufscheine, Urkunden, Stammbäume, Weinetiketten, Maltersäcke, bemalte Kerzen, Karten machen ihr Angebot aus. Die Sprüche oder die Gedichte für die Karten schreibt sie selber oder sucht sie in alten Büchern, auch in Kalendern, die ihr Leute bringen. Die ersten Arbeiten verkaufte sie auf Märkten. Das Warenhaus Loeb in Bern bot ihr später die Möglichkeit, ihre Kunst vorzustellen und Arbeiten zu verkaufen. So entstand der erste Kundenkreis. Und bald schon fragten sich die Leute durch bis zur «Kellenweid» und suchten sie und ihr Geschäft auf dem abgelegenen Bauernhof auf.

Mein «Geschäft» war das Wohnzimmer. Wenn die Leute zu mir kamen, musste ich die Familie evakuieren! Das ging natürlich auf die Dauer nicht gut, und ich musste mir ein eigenes Arbeits- und Verkaufszimmer einrichten. Einen Laden hätte ich mir nicht leisten können, schliesslich musste mein Geschäft Geld einbringen für die Familie. Werbung musste ich allerdings keine machen, es hatte sich schnell herumgesprochen, dass es da eine Frau gibt, die noch die alten Schriften beherrscht. Bald schon kamen Gruppen aus der ganzen Schweiz, und ich stellte meine Arbeiten vor, führte sie durch mein Atelier, liess sie selber schreiben. Die «Renner» in meinen Angeboten sind die Karten und die kleinen Geschenke. Viele Leute mögen die abgedroschenen Sprüche der Glückwunsch- oder Trauerkarten nicht mehr. Bei mir kaufen sie auf Vorrat passende Karten für jede Gelegenheit. Oder kleine Kerzen mit einem «Dankeschön», im Winter auch grosse Kerzen mit einem Spruch oder eine Flasche Wein mit einem besonderen Gedicht.

Und es kamen immer mehr Gruppen und Vereine. Ihr Mann, Fritz Messerli, kam auf die Idee, die Leute mit Ross und Wagen an der Postautostation abzuholen und auf den Bauernhof zu fahren. Nach der Besichtigung des Kalligraphieateliers bringt er sie dann auch wieder zurück. Die Lust auf Wagenfahrten war bei den Gästen gross. Aber mit diesen Fahrten kamen auch der grosse Durst und Hunger.

Daher gab es von nun auch ein Zvieri – im Tenn! Mit Brot, Schinken und Most. Grossvater melkte nebenan, er fütterte die Kühe im Stall, wir fütterten die Gäste. Das ging natürlich nicht lange, denn die strengen Hygienevorschriften liessen solches nicht zu.

Anita Messerli emanzipierte sich in ihrem Sinne immer stärker. Sie tat sich noch mehr mit ihrem Mann zusammen, zugunsten der Familie.

Wenn die Hygienevorschriften andere Voraussetzungen verlangen, dann fügen wir uns eben: Wir bauten einen Aufenthalts-, Ausstellungs- und Verkaufsraum.

Gedacht, getan. Aber so einfach war es dennoch nicht.

Schon bald kamen neue Ideen dazu: Eine gute Isolation der Räume war nötig, und gemütlich sollte es natürlich auch werden. Also musste Täfer her. Und Rollstuhlgängigkeit mit Behindertentoilette war ein weiteres Ziel. Zu guter Letzt entstand das Beizli.

Damit hatte es sich aber immer noch nicht. Anita Messerli absolvierte die Wirteschule. Die brauchte sie nämlich, da jetzt auch noch eine Terrasse gebaut werden sollte. Bei über 50 Sitzplätzen aber ist ein Fähigkeitsausweis vorgeschrieben. Und da sie das Restaurant führt, musste sie eben wieder die Schulbank drücken. Auf dem Prospekt steht nun: «Geniessen sie einen Ausflug wie zu Gotthelfs Zeiten. Weit weg von Stress und Hetze, und doch nur 15 km von Bern entfernt!» Da gibts die kleine Karte mit den kalten oder warmen Speisen, grössere Menus sind auf Anfrage zu haben. Kleine Gerichte kocht Anita Messerli in der offenen Küche im Beizli, grössere Mahlzeiten bereitet sie in ihrer privaten Küche auf dem Holzherd zu. Die Preise sind günstig.

Wenn die Gäste den weiten Weg bis zu uns auf sich nehmen, muss man sie auch belohnen. Und sie kommen aus der ganzen Schweiz. Gruppen, Gesellschaften, Hochzeiten, Firmenfeste, Klassenzusammenkünfte, Familien auf einer Wanderung, Einzelpersonen, Behinderte und Nichtbehinderte. Sechs Tage haben wir geöffnet, nur am Montag habe ich Sonntag, Ruhetag.

Die Tage sind lang. 12 bis 16 Stunden dauern sie. Abends wird es oft spät. Die Gäste bleiben sitzen, wollen plaudern, machen vielleicht noch Musik. Erst wenn die Stube leer ist, geht Anita Messerli schlafen, oft erst nach Mitternacht. Am Morgen beginnt die Arbeit um acht Uhr wieder: aufräumen, was am Vorabend liegen geblieben ist, putzen, einkaufen, vorbereiten, vorkochen, tiefgefrieren. Manchmal treffen die ersten Gäste schon kurz nach acht Uhr ein, manchmal herrscht bis zum Mittag Ruhe. Dann sitzt sie in der Gaststube und schreibt, damit die nächste Gruppe wieder einkaufen kann.

Mein Mann und ich waren einmal ein paar Tage in einem Vier-Sterne-Hotel. «Bei uns ist der Gast König», lasen wir beim Eintritt ins Hotel. Aber wir fühlten uns überhaupt nicht wohl. Da haben wir beschlossen, dass wir unsere Gäste nicht wie Königinnen und Könige behandeln wollen, sondern so, dass sie sich wohl fühlen.

Eine regelmässige Serviceangestellte kann sich die Familie nicht leisten. Messerlis sind auf den ganzen Verdienst aus dem Restaurant angewiesen. Doch Stress haben sie dennoch keinen. Stress bedeutet für Anita Messerli eine unüberblickbare Situation. Sie jedoch überblickt die Situation stets, kann Pausen einschalten, auch einmal im Bad entspannen.

Für unsere Privatwohnung habe ich allerdings eine Haushalthilfe, die putzt, wäscht und bügelt. Bäuerinnen aus der Umgebung helfen mir im Restaurant, wenn ich sie brauche.

Emanzipation als Überlebensmuster. Der Netzwerkgedanke in Vollkommenheit. Anita Messerli gehört zu den Frauen, die ihn leben, tagtäglich, mit jedem Atemzug. Viel kann sie für NEFU nicht tun, ihre Präsenzzeit auf dem Hof ist zu gross. Vor Jahren einmal wollte sie an der Jahresversammlung teilnehmen, aber da war Heuet und Anita Messerli somit unabkömmlich. Doch die NEFU-Frauen kommen zu ihr und kaufen ihre Produkte. Und in ihrer Erinnerung tragen sie noch etwas mit nach Hause zurück: Die Erfahrung nämlich, dass Menschen, die so handeln und leben wie Anita Messerli, echte Netzwerk-Könnerinnen sind. Sie ist eine Persönlichkeit, sich selbst immer treu geblieben und hat die Symbolik von Geben und Nehmen in ihren Alltag, in ihr Leben, integriert. Und innerhalb dieser Balance hat sie dann auch schon von NEFU profitiert: Die Möglichkeit, im Schaufenster des Warenhauses Loeb in

Bern ihre Arbeiten zu päsentieren, erhielt sie dank NEFU. In Oberbütschel habe ich eine Frau kennen gelernt, die Glück gleichsetzt mit Zufriedenheit. Und diese Zufriedenheit entsteht in ihr selber, ist in ihr und will sich weiter ausbreiten.

Früher, da habe ich Kontakte gesucht, heute kommen die Menschen zu uns. Wenns draussen trüb und neblig ist – gibts bei uns Fondue. Bei uns treffen sich Menschen, kommen miteinander ins Gespräch, Blinde, Unfallpatienten, an Parkinson Erkrankte, Körperbehinderte. Ich möchte die Kontakte fördern zwischen den so genannt gesunden und den behinderten Menschen. Von ihnen können wir so viel lernen. Aber auch von den anderen Gästen lerne ich täglich. Da sitzen Menschen in unserem Beizli, die ich schon jahrelang kenne. Ich setze mich zu ihnen, und sie beginnen zu erzählen von ihren Sorgen, Problemen, Nöten, Schwierigkeiten. Ich kann zuhören.

Es scheint beinahe so, als ob sich auf dieser «Kellenweid», dank des Einzugs der Städterin, die Lebensmuster vervielfachen. Dieser einsame Bauernhof ist zu einem Ort geworden, wo sich Menschen mit den unterschiedlichsten Wünschen begegnen. Ob sie nun auf Einkaufstour sind und ihre Körbe mit kleinen Gaben aus dem Kalligraphieatelier füllen, auf einem Spaziergang und den knurrenden Magen besänftigen wollen, auf der Suche nach ein bisschen Wärme und Geselligkeit, stets treffen sie auf die gute Seele, die Zeit hat zu verkaufen, zu kochen, zu plaudern, zuzuhören.
Anita Messerli sorgt mit ihrer Arbeit für einen guten Teil des Einkommens und damit für den Lebensunterhalt der Familie. Ohne ihre Leistung könnte die Grossfamilie auf dem Hof nicht überleben. Ihr Mann unterstützt sie. Er fährt die Leute mit Ross und Wagen zur «Kellenweid», er hilft auch mit, wenn viele Gäste erwartet werden, holt

Nachschub aus dem Keller, schält Kartoffeln, serviert. Das war nicht selbstverständlich, so offen auf Menschen zuzugehen, das musste Ehemann Fritz lernen, erfahren. Auch er musste sich – zum Wohle des Miteinanders – emanzipieren. Über berufliche Vorsorge, Lebensversicherung, Lohnausfallversicherung denkt sie nicht nach. Ihr Mann gehört zwar einer Vorsorgeversicherung an. Seine Frau nicht. Krankwerden ist für Anita Messerli ein Fremdwort.

Ein zufriedener Mensch wird auch weniger krank als ein unzufriedener. Wenn mir etwas passieren würde, das wäre schrecklich für meinen Mann.

Wie Recht sie hat. Die beiden verbindet eine tiefe Zusammengehörigkeit, Vertrautheit und Liebe.
Ich habe mich nach diesem Besuch gefragt, warum wir immer nur Menschen dort suchen, wo ohnehin schon viele Menschen sind? Anita Messerli zeigt, dass es anders möglich ist.

Früher hatte ich schon hin und wieder das Bedürfnis, unter Menschen zu gehen. Heute frage ich dem gar nichts mehr nach. Heute kommen die Menschen zu mir. Es ist einfach so, dass viele Gäste immer wieder sagen: Schade, dass wir hier nicht übernachten können, eigentlich haben wir jetzt keine Lust mehr, den Heimweg unter die Füsse oder unter die Räder zu nehmen. Da wir unseren Schweinestall gelegentlich sanieren müssen, haben wir schon überlegt, ob es vielleicht nicht gescheiter wäre, mit der Schweinezucht aufzuhören und dafür ein Massenlager – ebenerdig für Behinderte und im ersten Stock für Nichtbehinderte – zu bauen?

Ich ahnte es doch schon im Laufe des Gesprächs, dass da wieder etwas im Anzug ist.

Teil 3

Wer eine Geschichte hat, hat auch eine Zukunft

Von der Vision zur Wirklichkeit

Wo die Netzwerkgeschichte angefangen hat

1992, Mitte September, war ich eingeladen, in einer Radiosendung über mein fünfjähriges Geschäftsjubiläum zu berichten. Dabei informierte ich über alles, was mich als Einfrau-Unternehmerin bewegte. Unter anderem beschrieb ich die oft heiklen Honorarforderungen, die dauernd neu zu erfindenden Akquisitionsstrategien und das stete Am-Ball-Bleiben. Ich erzählte vom Isoliertsein und Nicht-mehr-verstanden-Werden. Und dass ich den Austausch mit Berufsfrauen, welche meine Sprache verstehen, vermisste.
In dieser Sendung redete ich zum ersten Mal über meine Vision einer Vernetzung von Frauen, die sich in der gleichen Situation befinden. Spontan lud ich Kleinunternehmerinnen und interessierte Zuhörerinnen an ein Begegnungsapéro bei mir zu Hause ein, um einen ersten Gedankenaustausch zu pflegen.
In den darauf folgenden Tagen erreichten mich über hundert Schreiben und Telefonate von Frauen, die das Alleinsein am Arbeitsplatz kannten und schon lange einen Erfahrungsaustausch suchten. Drei Briefe mögen das breite Interesse belegen.
In zwei Wochen geht meine Arbeit als Sekretärin zu Ende – weil es in der heutigen Rezession billigere Kräfte gibt oder vielleicht richtiger: weil ich die Freiheit und Selbständigkeit zu meiner vollen Entfaltung brauche und neue Herausforderungen liebe.
Vor genau 25 Jahren habe ich als Mutter zweier Mädchen zu Hause angefangen, Werbeunterlagen zu texten, um mein Hobby Schreiben nicht verkümmern zu lassen. Dann habe ich zusammen mit meinem ehemaligen Gatten

ein Geschäft technischer Art aufgebaut und während 15 Jahren meine Schreibwut dort abreagiert. Und jahrelang davon geträumt, wieder mehr kreativ tätig sein zu können und die Routinearbeiten wieder abgeben zu können.
In der Zwischenzeit bin ich geschieden und war dadurch gezwungen, wieder auf einem Büro Arbeit zu suchen. Habe aber immer nach einer Möglichkeit gesucht, daneben freiberuflich Schreibarbeiten zu erledigen.
Nach der Kündigung war für mich ganz klar, dass nun der Zeitpunkt gekommen ist, mich auf diesem Zweig selbständig zu machen. Aus diesem Grund musste ich in meiner Wohnung Platz schaffen, um mir eine Arbeitsecke einrichten zu können. Und zu ebendiesem Zwecke habe ich ausnahmsweise am Donnerstag, den 17. September, frei genommen, kam nach Hause, stellte das Radio ein und traute meinen Ohren nicht, als die Ansagerin das Zvieri-Gastgespräch mit Ihnen ansagte ... als hätte Sie mir der Herrgott geschickt als Bestätigung, dass ich auf dem richtigen Weg bin. Können Sie sich vorstellen, mit welcher Freude ich daraufhin meinen alten Krempel weggeräumt habe, um mich auf Neues vorzubereiten?

Mit einem kleinen Fünklein Neid bin ich durch Ihre Sendung getragen worden. Der Gedanke, auch so was Ähnliches zu tun, lässt mich nicht mehr los.
Ich bin 49 Jahre alt, habe drei erwachsene Kinder, ein grosses Haus, Garten und Hund. Mein Mann ist den ganzen Tag auswärts, somit bin ich bis auf die Arbeiten in Haus und Garten sehr viel alleine. Vor einem halben Jahr verlor ich meine Halbtagsstelle, weil es mir nun einfach nicht möglich war, den ganzen Tag ausser Haus zu arbeiten.
Meine Fragen an Sie:
Wie fängt man so eine Tätigkeit an?
Wie geht man vor?
Kann man auch ohne KV-Ausbildung etwas erreichen?

In unserem Haushalt steht ein PC, der von mir meistens nur abgestaubt wird. Manchmal fehlt mir einfach der Mut, selber etwas zu beginnen! Wäre es in einer Gruppe nicht einfacher und auch für mich möglich? Eine Antwort von Ihnen würde mich sehr freuen.

Ich bin Ergotherapeutin und habe seit Anfang 1992 sämtliche notwendigen Schritte unternommen, um als selbständige Ergotherapeutin arbeiten zu können. Der Bedarf scheint in der Region ebenfalls gegeben zu sein. Ich habe letzte Woche mit der ersten Patientin zu arbeiten begonnen und stecke nun in den Anfangsschwierigkeiten (Arbeitsorganisation, Erstellen von Anmeldeformularen, Buchhaltung, Einrichtung, Kontakte aufbauen).
Ich merke, dass ich es nun mit der Angst zu tun bekomme. Soll ich nun bereits meine Teilzeitstelle in einem kleinen Spital in meiner Nähe kündigen oder noch zuwarten? Wie schaffe ich beides nebeneinander in der Anfangszeit? Woher nehme ich die Zeit und Energie für meine Familie mit zwei Kindern (7- und 4-jährig)? Vielleicht hilft es mir, mit anderen Frauen zu sprechen, die schon über diesen Punkt hinaus sind. Darf ich zu Ihrem Apéro kommen? Ich würde mich freuen.

Ein einzelner Apéro hätte nicht ausgereicht, alle Interessentinnen zu empfangen. Deshalb habe ich an meinem Wohnort den Beschäftigungsraum im Alters- und Pflegeheim gemietet und ab Oktober 1992 die Begegnungen mehrmals wiederholt. Für die eingeladenen Frauen war kein Weg zu lang, kein Wetter zu schlecht: Sie kamen von überall her, um einander kennen zu lernen und sich auszusprechen. Das Bedürfnis nach Gemeinschaftlichkeit war immens. Innert kürzester Zeit fühlten die Teilnehmerinnen sich verstanden und nicht mehr allein.
Der Erfahrungsaustausch mit jeweils zwanzig Berufsfrauen

fand in einer offenen, lebendigen Atmosphäre statt und vermochte die Teilnehmerinnen zu begeistern. Vor ihrer Heimkehr wünschten sie sich ein baldiges Wiedersehen und eine Fortsetzung der Gespräche. Die mehrheitlich nur am Rande besprochenen Themen und offen gebliebenen Fragen wollten sie an einem Workshoptag eingehender behandeln. So hat es sich ergeben, dass diese Frauen ab Januar 1993 in regelmässigen Abständen zu Werkstatt-Tagen unter dem Slogan «Frauen managen sich selbst» eingeladen wurden, die ich konzipiert, organisiert und geleitet habe. Meistens trafen sich fünfzehn bis achtzehn Klein(st)unternehmerinnen am Runden Tisch. Sie formulierten ihre Ideen und Visionen und berichteten über Infrastrukturen, Marketingkonzepte, Finanzen, Werbekampagnen, Öffentlichkeitsarbeit, Akquisitionsstrategien und Kundenbeziehungen, aber auch über Konkurrenz, Tarifgestaltung und Organisation. Dass der geschäftliche Alleingang kein Zuckerlecken, sondern ein überaus steiniger Weg ist, wurde immer wieder betont. Anderseits wurden die Stärken einer weiblichen Unternehmensführung, die Fähigkeiten zum emotionalen Management, zur sozialen Kompetenz und intuitiven Begabung bewusst gemacht. Anleitungen zur Selbstmotivation und Mut zur Selbstvermarktung waren das Resultat.

Eine Fragebogenaktion mit Aussagekraft

Die rund hundert Kleinstunternehmerinnen aus den unterschiedlichsten Branchen und Geschäftszweigen, die 1993 diese Workshops besucht hatten, wollten mehr: Sie wollten sich mindestens einmal pro Jahr treffen und in einer Form zusammenschliessen, die ihrer Individualität und Eigenständigkeit Rechnung trägt.

Die Bildung eines Vereins, Verbandes oder Clubs war nicht gefragt. Der Trend ging in Richtung lose, flexible Vereinigung, die einen Rahmen für Veranstaltungen, Weiterbildung und Beratungen bietet. Eine starke Nachfrage bestand auch nach einem Netzwerk, wo Frauen berufliche Erkenntnisse austauschen können. Um zu erfahren, wie unsere Gruppe zusammengesetzt, strukturiert und benannt werden könnte, entwarf ich einen entsprechenden Fragebogen. Anfang Sommer 1993 bekamen hundertzwanzig Frauen das Formular zum Ausfüllen zugestellt. Bis Ende Juli trudelten achtzig voll beschriebene Seiten von engagierten Schreiberinnen bei mir ein. Plötzlich gab es eine unerwartete Fülle von Ideen und Vorschlägen engagierter Frauen zu sichten, zu gewichten und die richtigen Schlüsse zu ziehen. Die eingegangenen Beiträge wollten ernst genommen werden. Deshalb war es für mich gar keine Frage, die Frauen von Anfang an in das Projekt «Vernetzung» einzubeziehen, ihnen die Umfrageergebnisse vorzustellen und eine Verständigung über die gemeinsamen Ziele herbeizuführen.
Sämtliche Angebote und Ratschläge wurden in einer Broschüre zusammengetragen. Die ausgewerteten Daten sollten an der ersten gemeinsamen Zusammenkunft zum Thema «Vernetzung von Einfrau-Unternehmerinnen» als Diskussionsgrundlage für die gewünschte Organisationsform dienen. Um die unterschiedlichsten Antworten auf einen Nenner zu bringen, fand ein Arbeitsgespräch bei Frau Elisabeth Michel-Alder, Gründerin der Beratungsfirma EMA Human-Potential Development, in Zürich statt. Als Initiantin und Förderin des im Jahre 1986 gegründeten Netzwerkes für Unternehmen «TsW Taten statt Worte» galt sie als eine der wenigen profilierten Netzwerk-Expertinnen in der Schweiz. In dieser Funktion unterstützt sie NEFU seit Jahren.
Ich lernte die Vor- und Nachteile sowie Gefahren, die mit

der Bildung eines Netzwerkes verbunden sind, kennen. Netzwerke seien formlose Gruppierungen, flexibel und fragil. Dadurch hätten sie begrenzte Einflussmöglichkeiten und eine beschränkte Beschlussfähigkeit. Kontrolle und Sanktionsmöglichkeiten fehlten. Netzwerke hätten – im Gegensatz zum Verein – keine Statuten, trotzdem gebe es gewisse Ziele, Merkmale und Regeln zu beachten. Als Netzwerk werde ein personenbezogenes Beziehungsgeflecht verstanden, welches auf einem gemeinsamen Basisinteresse beruhe. Durch aktuelle Anlässe werde es aktiviert und sichtbar gemacht. Ein Netzwerk brauche die Mitknüpferinnen nicht auf Lebzeiten zu verbinden. Bedingungen seien immer wieder neu auszuhandeln. Statt Harmonie anzustreben, seien Anliegen und Erwartungen unmissverständlich in Worte zu fassen.

Dieses Vorgehen erwies sich offenbar als richtig. Der Gründungsversammlung stand nichts mehr im Wege. 63 Frauen diskutierten am 30. Oktober 1993 die Auswertung ihrer Antworten und legten den Grundstein zu ihrer Vernetzung.

Ein Leitbild mit Zukunftscharakter

Das Geheimnis liegt in der Selbstbestimmung

Die an der Gründungsversammlung vereinten Kleinunternehmerinnen tauften den losen Verbund auf den Namen NEFU Netzwerk für Einfrau-Unternehmerinnen. Die Berufsfrauen entschieden sich für ein verbindendes Geflecht zwischen Einfrau-Unternehmerinnen aus allen Geschäftsbereichen, wo Geschäftsfrauen Ansprechpartnerinnen für die unterschiedlichsten Alltags-, Berufs- oder Lebensfragen finden; unter den Netzwerkgründerinnen befanden sich unter anderem Versicherungs- und Steuerexpertinnen, Administrations- und Finanzfachfrauen, Werbe- und PR-Frauen sowie EDV-Spezialistinnen.

Die beteiligten Unternehmerinnen entschieden sich bewusst für ein Netzwerk. Kein hierarchisches oder vereinsähnliches Gebilde sollte ihnen Vorgaben machen. Sie wählten Rahmenbedingungen für Eigeninitiativen und selbstverantwortliches Tun. Frauen, die in ihrer unternehmerischen Tätigkeit bereits gewohnt sind, jeden Tag eigene Entscheidungen zu treffen, wollen auch in ihrer Vereinigung selbstbestimmend bleiben und sich nicht einengen lassen. Alle sollen sich auf der gleichen Ebene bewegen und die Chance haben, in Eigenregie oder rotierenden Teams etwas zu unternehmen, um etwas zu bewegen.

Das beschlossene Leitbild enthält bewusst kein «müssen». Mit den Verben «mögen» und «sollen» wird dem Wunsch nach selbstbestimmendem Unternehmen Ausdruck verliehen.

Bei NEFU
- soll jederzeit ein freiwilliges Mitmachen ohne Beitragspflicht möglich sein. Beiträge werden nur für die Teil-

nahme an Veranstaltungen inkl. Koordinationsaufgaben erhoben
- mögen sich die Beteiligten in allen Belangen gegenseitig unterstützen und beraten
- mag ein spürbares «Geben und Nehmen» zu einer tragenden Vernetzung führen
- sollen praxisbezogene Erfahrungen, Informationen und Tipps in einem offenen und toleranten Umfeld ausgetauscht und weitergegeben werden dürfen
- sollen mehrere Aktivitätszentren – wie z. B. regionale, einander ablösende Erfahrungsgruppen – entwickelt werden
- sind innovative, kreative und weiterbildende Kräfte zu fördern
- sind gegenseitige Kontakte und Diskussionen – mit verwandten wie fremden Organisationen mit anderen Perspektiven – anzustreben (Vermehren von Informationen, Chancen und Synergien)
- ist eine Koordinationsstelle und Informationszentrale zu ernennen (Büroinfrastruktur; Mitgliederverzeichnis; Organisation von jährlichen Treffen und Projekten; Erscheinungsbild nach innen und aussen)
- tragen alle Beteiligten gleichermassen Verantwortung fürs Gedeihen ihres Netzwerkes; Eigenverantwortung und Selbstbestimmung werden gross geschrieben.

Das Profil der Koordinationsstelle NEFU Schweiz

Anstelle eines Präsidiums mit Vorstand wurde ich am Gründungstag bis auf weiteres zur Koordinatorin und Informationszentrale von NEFU Schweiz gewählt. Nach zehn Jahren Aufbau- und Entwicklungsarbeit ist ein 30-50%iges Arbeitspensum erreicht, das folgende Aufgabenbereiche umfasst:

- Administration
- Koordination / Information / Internet / Beratung
- Kontakte / Zusammenarbeit / Beziehungspflege
- Vernetzungen / Projekte
- Öffentlichkeitsarbeit / Public Relations / Imagepflege

Die Arbeit der zentralen Koordinationsstelle wird unterstützt von einer Mitkoordinatorin, die von Anfang an die Stellvertretung übernommen hat, einer Weiterbildungskoordinatorin und einer Begleiterin für Grossprojekte, die für diese Bereiche das nötige Fachwissen mitbringen. Ansonsten werden die Aufgaben im operativen Selbstmanagement erfüllt.

Wie frau Mitglied wird

Bei NEFU findet keine berufliche, fachliche, standes- oder altersmässige Ausgrenzung statt. Auch politisch und konfessionell verhält sich das Netzwerk neutral. Sämtliche Dienstleisterinnen und Produkteherstellerinnen sind willkommen. Von der Versicherungsbrokerin über die Software-Ingenieurin bis zur Bänkelsängerin, von der freien, persönlichen Bestattungsrednerin über die freischaffende Wissenschafterin bis zur Créatrice von Reisrezepten sind altvertraute und neu geschaffene Branchen erwünscht. Ebenso Interessentinnen an einer selbständigen Erwerbstätigkeit, weil sie die Unternehmerinnen von morgen sein können.

Da keine Mitgliederbeiträge verlangt werden, ist auch keine Werbung nötig. Wenn sich interessierte Frauen mit unserer Philosophie identifizieren können, beantragen sie die Mitgliedschaft.

Frauen, die sich als Einfrau-Unternehmerinnen zu erkennen geben und die schriftliche Zustimmung zur Mitglied-

schaft erklären, werden zwecks Vernetzung in die Datenbank und ins Mitgliederverzeichnis aufgenommen. Sie bleiben es, auch wenn sie sich eines Tages von der Einfrau-Unternehmerin zur Arbeitgeberin entwickelt haben. Das Schaffen von neuen Arbeitsplätzen wie die Bereitstellung von Lehrstellen hat geradezu Modellcharakter.
Aufnahme finden auch verantwortliche Personen von Förderstellen und Kontaktstellen zu Wirtschaft und Wissenschaft, zu Bildungs- und Kulturstätten sowie Medienschaffende, Frauennetzwerke, partnerschaftliche Verbände, Vereine und Clubs.

Das Mitgliederverzeichnis – das gelebte Netzwerk

Das Mitgliederverzeichnis wird einmal pro Jahr aktualisiert und gegen eine angemessene Bearbeitungsgebühr ausschliesslich an Mitglieder abgegeben. Jeweils am gesamtschweizerischen Jahrestreffen wird das bereinigte Verzeichnis offiziell aufgelegt. Mitglieder können das nach Kantonen, Ländern, Branchen und Namen alphabetisch gegliederte Verzeichnis jederzeit bei der Koordinationsstelle beziehen.
Seit dem 30. Oktober 1993 war jeden zweiten Tag eine Neuaufnahme zu verzeichnen. Anfang 2000 hat das Mitgliederverzeichnis von NEFU Schweiz die Tausendergrenze überschritten. Um auf die immer wiederkehrende Frage nach dem Datenschutz der mir unterbreiteten Personalien eine rechtsgültige Antwort geben zu können, habe ich bei einer Anwältin in Liestal eine Begutachtung eingeholt. Laut ihrer schriftlicher Bestätigung vom 16. Mai 1994 handelt es sich bei den Angaben nicht um besonders schützenswerte Daten im Sinne des Eidg. Datenschutzgesetzes, weil davon ausgegangen werden darf,

dass die Anwenderinnen ein Interesse nach gegenseitiger Information beziehungsweise Vernetzung haben.

Das Mitgliederverzeichnis ist nicht nur ein attraktives Arbeits- und Vernetzungsinstrument, sondern ein praktisches Nachschlagewerk. Die Angaben zur Person, die ausführlichen Firmenbeschreibungen und hervorgehobenen Branchenspezialitäten gestatten den Mitgliedern eine gezielte und rasche Kontaktnahme für einen direkten Erfahrungsaustausch, für geschäftliche Verbindungen und fürs Knüpfen von Beziehungen, zur branchenübergreifenden Zusammenarbeit oder Arbeitsteilung, zum Anbieten der eigenen Produkte oder Dienstleistungen sowie zur wechselseitigen Vermittlung von Aufträgen.

Zusätzlich zur Aufnahme ins Mitgliederverzeichnis können sich NEFU-Mitglieder ins gebührenpflichtige Branchenverzeichnis für Einfrau-Unternehmerinnen eintragen lassen, das – im Gegensatz zum Mitgliederverzeichnis – von allen, auch Nichtmitgliedern, zum Selbstkostenpreis bezogen werden kann. Das ist Werbung für jede Unternehmerin und dient gleichzeitig der Vernetzung.

Marketing in eigener Sache

Das junge Netzwerk, das sich dem Informellen, dem Pragmatismus und der Tat verschrieben hatte, trug zwar einen Namen, doch fehlte die Kontur. NEFU musste zu einem Begriff werden. Wenn NEFU durch seine Aktivitäten von der Wirtschaft ernst und wahrgenommen wird, kommt die Akzeptanz jedem Mitglied zugute, das unternehmerisch aktiv ist und sich durch Kompetenz auszeichnet. Also wurde Marketing in eigener Sache betrieben, um NEFU auf Erfolgskurs zu bringen.

NEFU – ein Markenzeichen

Im Oktober 1993 wurde nicht nur NEFU Schweiz gegründet, sondern auch die Stiftung KMU Schweiz (Kleine und Mittlere Unternehmen). Die Stiftungsgründung geht auf eine Anregung des Berner Warenhausbesitzers und alt Nationalrats François Loeb zurück.
Aus der Überzeugung, dass das Wohlergehen des Wirtschaftsstandorts Schweiz vor allem von den kleinen und mittleren Unternehmen abhängt, hat es sich die Stiftung KMU zur Aufgabe gemacht, mit der Verbesserung der staatlichen Rahmenbedingungen Stolpersteine auf dem Weg in die Selbständigkeit zu beseitigen. Ferner sollte die Öffentlichkeit auf das Unternehmertum im Allgemeinen und für die schweizerischen KMU im Besonderen sensibilisiert werden.
Da die Initianten der Stiftung KMU von denselben Visionen und Zielsetzungen wie wir NEFU-Frauen getragen waren, suchten wir das Gespräch. Mit Erfolg: Spontan lud

François Loeb einmal pro Jahr fünfzig NEFU-Frauen zu einem motivierenden Gedankenaustausch, einer so genannten Kreativitätsspritze, nach Bern ein. Gut gelaunt stand er Red und Antwort und vermittelte Denkanstösse. Wichtiger jedoch war der Funke der Begeisterung, der sich entzündete und ohne den keine Geschäfte zu machen sind.
Von den Synergien stimuliert, entstanden neue, noch spannendere Projekte. So wurden unsere Unternehmerinnen eingeladen, während der ganzen Adventszeit ihre handwerklichen oder dienstleisterischen Produkte in einem Loeb-Schaufenster, an bestem Standort, auszustellen und direkt zu verkaufen. Mit dieser partnerschaftlichen Aktion war beiden Seiten gedient: Zum einen wurden die durch Personen belebten Schaufenster zur grossen Publikumsattraktion und zum Anreiz, gerade dieses und kein anderes Warenhaus zu betreten. Zum andern konnten durch den gemeinsamen Auftritt nach aussen bestehende Beziehungen mit Kundinnen und Kunden vertieft und neue angeknüpft werden.

Frauen unterstützen Frauen

Wenn wir als Frauen andere Frauen unterstützen wollen, müssen wir andere Frauen zuerst sichtbar machen. Wie wahr diese Aussage ist, erfuhr ich zum ersten Mal 1994, als NEFU eingeladen wurde, das Netzwerk am 10. Management-Symposium für Frauen in Zürich vorzustellen.
Mit diesem Auftritt bot Monique R. Siegel, Begründerin des Symposiums und bekannt für zukunftsorientierte Denkansätze, NEFU die einmalige Gelegenheit, den Dialog mit der Wirtschaft auf einem allseits beachteten Podium zu eröffnen. Galt es doch im Sinne der Symposiums-

idee, weibliches Unternehmertum sichtbar zu machen und dessen Stellenwert in der Wirtschaft zu unterstreichen. Wie sich später zeigte, wurde es ein Dialog mit nachhaltiger Wirkung.

Die Medien als Wegbereiter

Unter dem Titel «Frauennetzwerk ‹NEFU› gegründet» wurde im November 1993 erstmals in der «Basellandschaftlichen Zeitung» und in der «Basler Zeitung» über NEFU informiert. Der kurze Artikel löste ein ungeahntes Echo aus. Telefon und Fax liefen heiss.
Spätestens ab diesem Zeitpunkt wurde mir bewusst, was Presseberichte auszulösen vermögen. Nach dieser ersten Runde folgten weitere Reportagen, Einzelporträts und Interviews und zeigten so die berufliche Vielfalt im Netzwerk auf und nahmen Probleme der Selbständigkeit näher unter die Lupe. Den Journalistinnen der Gründungszeit ist es zu danken, dass der Stellenwert eines Netzwerkes für das berufliche Fortkommen der Frauen erstmals in der Schweiz in den Medien thematisiert wurde. Sie waren es auch, welche die notwendige Prise Salz in die Suppe brachten.
Vom Lokalanzeiger bis zur grossen Tageszeitung, vom Gewerbe- bis zum Wirtschaftsblatt, von der Frauenzeitschrift bis zur Fachbroschüre – und nicht zuletzt vom Radio bis zum Fernsehen: Alle haben über das Phänomen NEFU berichtet und uns damit den Weg wesentlich geebnet. Für NEFU war jeder Medienbericht ein Stück Öffentlichkeitsarbeit und damit ein Beitrag zur wachsenden Akzeptanz.

Sponsoring – ein wirkungsvolles Marketinginstrument

Da NEFU kein Verein ist, werden auch keine Mitgliederbeiträge erhoben. Die steigenden Mitgliederzahlen und die immer knappe Kasse machten jedoch deutlich, dass die materielle Basis einer dringenden Stärkung bedurfte. NEFU war auf engagierten und aktiven Support angewiesen. An Zauberei wollte ich nicht glauben, an Sponsoring hingegen schon.

Im Zeitpunkt, wo NEFU zu einem Markenzeichen geworden ist, machte ich mich auf die Suche nach Förderern, die unsere Vernetzungsarbeit unterstützen und die Realisierung von kleineren Projekten beschleunigen. Ob eine Kundin oder ein Sponsor gefunden werden muss: In jedem Fall, und erst recht für die Gewinnung von Sponsoren, sind überzeugende Konzepte unerlässlich. Mit mit Fingerspitzengefühl vorgetragenen Argumentationen ist es möglich, dass sich Gönnerinnen und Gönner bereit erklären, die Finanzierung von Netzwerkaktivitäten mit mässiger Kostenfolge zu übernehmen.

So wie im unternehmerischen Alltag das Preis-Leistungs-Verhältnis stimmen muss, so sollten sich gerade beim Sponsoring Leistung und Gegenleistung die Waage halten. Auf der Basis von Vertrauen, Offenheit und Glaubwürdigkeit wird eine Partnerschaft aufgebaut. Solcherart kann sie gedeihen – und was vor allem zählt: auf Dauer gehalten werden.

Bei der Finanzmittelbeschaffung für Grossvorhaben, wo es um sechsstellige Beträge und mehr geht, gilt es andere Vorgaben zu beachten. Gewiss zählt auch hier die Persönlichkeit. Aber noch mehr das Beherrschen des Handwerks. Hier gelten die als unzeitgemäss geltenden harten Faktoren. Mit Recht stellen die Förderer von Grossprojekten hohe Ansprüche an Inhalt, Klarheit und Struktur eines Projektes. Da es um Meilensteine und Zielvorgaben geht, die eingehalten werden müssen, sind Projekterfahrung und gute Nerven unerlässlich. Learning by doing verbietet sich hier von selbst.

Im nachfolgenden Kapitel wird ein Projekt vorgestellt, dessen Anfang in der jüngsten Vergangenheit liegt.

Projekte und Angebote

Das Projekt «Die neuen Selbständigen – Wer sind sie?»

Im Zuge der erfolgten Unternehmensfusionen und betrieblichen Umstrukturierungen der 90er Jahre sind viele Mitarbeiterinnen und Mitarbeiter aller Hierachiestufen freigestellt beziehungsweise wegrationalisiert worden. Sie zahlten ihren Preis der Globalisierung.

Vor der Wahl, arbeitslos zu werden oder das Schicksal selbst in die Hand zu nehmen, haben sich viele von ihnen für den Weg nach vorn entschieden. Erst haben sie sich auf ihre Stärken besonnen, die im früheren Angestelltendasein oft zu kurz gekommen waren. Diese wollten sie ummünzen. Nach geglückter Neuorientierung wagten sie den Weg in die Selbständigkeit – eine Entwicklung, die mit Zahlen belegbar ist, stieg doch der Anteil der Selbständigerwerbenden von 1991 bis 1998 von 11,5 auf rund 15 Prozent. Dabei entwickelte sich insbesondere der Frauenanteil unter den Selbständigen schneller als jener der Männer. Fast gleichzeitig war auch bei NEFU ein rasanter Mitgliederzuwachs zu beobachten, und wir konnten uns den Problemen junger Selbständiger, vorwiegend Frauen, nicht entziehen. Dank Vernetzung gelang es, geeignete Fachfrauen zur Beratung und Begleitung zu vermitteln. Je mehr wir in die Start- und Aufbauschwierigkeiten hineinsahen, umso deutlicher zeigte sich, dass die Schwierigkeiten nicht in erster Linie finanzierungsbedingt und auch nicht frauenspezifisch waren.

Da zu dieser Zeit, um 1995/96, niemand so richtig wusste, auch die Amtsstellen nicht, wie es in der wachsenden Selbständigenwelt tatsächlich aussah, reifte bei NEFU die Idee, dem Phänomen der Jungunternehmerinnen und

Jungunternehmer näher auf den Grund zu gehen. Aber wie? NEFU hatte weder die Kapazität noch die Mittel, eine Studie nach wissenschaftlichen Kriterien durchzuführen.

Dennoch, die Idee erschien uns wichtig genug, und es wurde weitergedacht und skizziert, bis das Projekt Gestalt annahm. Unter der Leitung einer erfahrenen NEFU-Projektfachfrau ist es gelungen, ein Konzept und mehrere Varianten der Kostenrechnung vorzulegen.

Nach über einem Jahr gründlicher Vorbereitung und Planung war die Finanzierung sichergestellt. Dank langem Atem und Unerschütterlichkeit ist es gelungen, unseren Wunschpartner, die Fachhochschule Solothurn Nordwestschweiz (FHSO), Hochschule für Wirtschaft in Olten (HSW), mit ins Boot zu holen. Im Januar 1999 wurde die Kooperationsvereinbarung zwischen NEFU als Initiantin des Projekts und der FHSO unterzeichnet. Am 1. Februar 1999 wurde gestartet. Kurz nach der Jahrtausendwende wurden die Resultate dieses Projektes der Öffentlichkeit vorgestellt.

Rolf Meyer, verantwortlich für die Studie, fasst die Ergebnisse zusammen: «Die Zahl der neu gegründeten Unternehmen stieg – gemäss der Anzahl Eintragungen im Handelsregister – in den letzten Jahren kontinuierlich an. 1998 zählte man über 30'000 neue Firmen in der Schweiz.

Für unsere Studie haben wir einerseits persönliche Interviews mit 18 JungunternehmerInnen geführt, andererseits auch eine schriftliche Befragung in der Deutsch- und Westschweiz durchgeführt. An dieser Befragung nahmen 1472 Firmen teil. Dabei konnten wir feststellen, dass die effektive Anzahl der neuen Unternehmungen nur halb so gross ist, wie die Statistik des Handelsregisters glauben lässt. Bei den anderen Neueintragungen handelt es sich um reine Briefkastenfirmen ohne Aktivitäten, Fusionen, Umgründungen (neue Rechtsform, neuer Name) oder um

ältere Einzelunternehmen, welche sich jedoch erst nach Jahren erstmals ins Handelsregister eintragen liessen.
Die neuen Selbständigen sind im Durchschnitt 38 Jahre alt, haben bereits reichlich Berufserfahrung (18 Jahre), Branchenerfahrung (11 Jahre) und Führungserfahrung (2/3 waren zuvor im oberen oder mittleren Kader beschäftigt) und sind – verglichen mit der gesamten Bevölkerung – leicht überdurchschnittlich gut ausgebildet. Jeder zehnte Jungunternehmer und jede zehnte Jungunternehmerin waren bereits zuvor schon einmal selbständig. Nur jede sechste Firma, welche neu ins Handelsregister eingetragen wird, wurde von einer Frau gegründet. Zwar liegt das Verhältnis der selbständig erwerbenden Männer zu den Frauen insgesamt bei zwei zu eins. Jedoch handelt es sich bei sehr vielen Gründungen von Jungunternehmerinnen – im Gegensatz zu den Firmengründungen durch Männer – um Klein- und Kleinstfirmen, welche sich nicht ins Handelsregister eintragen (müssen).
Die Gründe, welche in die Selbständigkeit geführt haben, sind die folgenden: An erster Stelle liegt die Selbstverwirklichung und Unabhängigkeit. Danach folgt die unbefriedigende Situation am bisherigen Arbeitsplatz sowie ein drohender Verlust des Arbeitsplatzes. Weit abgeschlagen folgen die finanziellen Motive, insbesondere das Erwirtschaften eines höheren Einkommens.
Die gesteckten Ziele werden erreicht, stufen sich doch die JungunternehmerInnen insgesamt als sehr erfolgreich oder erfolgreich ein. Einzig die finanzielle Situation wird nicht ganz so erfolgreich bewertet: Die neuen Selbständigen verdienen – trotz höherem Arbeitseinsatz – weniger als bei einer unselbständigen Beschäftigung.
Die grössten unternehmerischen Probleme treten bei der Kundenakquisition, dem Marketing sowie der Kapitalbeschaffung und Liquidität auf. Über 50 Prozent aller Jung-

unternehmerInnen gaben an, in diesen Bereichen mit mittleren oder grossen Problemen konfrontiert zu sein.»

Präsenz und Kontakte an Messen, Märkten und Foren

Es gibt verschiedenste Orte, wo NEFU-Mitglieder sich präsentieren, ihre Produkte und Dienstleistungen anbieten, Kontakte schaffen und Erfahrungen austauschen können: Für die einen bietet sich ein Messe- oder Marktstand an, andere wählen die Teilnahme an einer Forumsdiskussion oder Podiumsveranstaltung. Hier kann die Kosmetikerin, Versicherungsfachfrau, Goldschmiedin, Verlegerin, PC-Spezialistin, Reiseunternehmerin, Gastronomin oder Konzertmanagerin ihre Dienstleistungen und Produkte einem breiten Publikum vorstellen, das heisst, Marketing in eigener Sache betreiben.

Wenn nicht sofort, wirkt sich gezielte Öffentlichkeitsarbeit der Initiantinnen und Organisatoren von Messen und Foren für ausstellende und als Referentinnen auftretende Unternehmerinnen doch mittel- und langfristig aus. Am 30./31. August 1995, anlässlich der GRIPS, der 1. Aus- und Weiterbildungsmesse in Zürich, war dies für NEFU Schweiz erstmals der Fall. Um nur einige zu nennen, folgten in kurzer Reihenfolge Auftritte in Deutschland (1995 TOP '95 in Düsseldorf, 1998 1. grenzüberschreitendes Unternehmerinnen-Forum in Konstanz, 1998/99 REGIO-Messe in Lörrach) und in Frankreich (1999 Forum «Unternehmerinnen am Oberrhein und Multimedia» in Colmar). NEFU Schweiz wird deshalb alles daran setzen, an der Vision eines globalen Netzwerkes erfolgreicher Unternehmerinnen mitzuwirken.

«Wer auch morgen noch Erfolg haben will, muss sich heute weiterentwickeln»

Die ständige berufliche und persönliche Weiterbildung ist in unserer Zeit ein absolutes Muss. Dies gilt für Beschäftigte und erst recht für Selbständigerwerbende – unabhängig von Branche oder Unternehmensgrösse. Lernen begleitet uns alle als lebenslanger Prozess, damit wir die an uns gestellten Aufgaben in einem sich ständig verändernden Arbeitsmarkt erfüllen oder neue Aufgaben und Funktionen übernehmen können. Im Angestelltenverhältnis ist für die kontinuierliche Weiterbildung vielerorts durch den Arbeitgeber gesorgt. Als Unternehmerinnen tragen NEFU-Frauen auch hier die Verantwortung selbst.
Um den eigenen Marktwert zu steigern, sind zusätzlich zur Fachausbildung Schlüsselqualifikationen wie Selbstmanagement, Fähigkeiten zur Kooperation, soziale Kompetenz und Führungsqualitäten gefragt. Mit anderen Menschen ein kreatives Team bilden, sich in sie einfühlen und Konflikte lösen, mit ihnen Visionen und Ideen entwickeln, die sie in Produkte umsetzen können, kommunizieren, zuhören und ein angenehmes Arbeitsklima verbreiten: Mit diesen Qualifikationen zeichnet sich die unternehmerische Persönlichkeit von morgen aus!

Das Besondere am NEFU-Weiterbildungsangebot

Weil NEFU unternehmensspezifische Weiterbildungslücken in Sachen Startwissen zur Geschäftsgründung, Persönlichkeitsentwicklung, Kommunikation, Marketing und Finanzen schon früh erkannt hat und überzeugt ist, dass richtig genutztes Wissen ein massgeblicher Wettbewerbsvorteil sein kann, haben kompetente NEFU-

Fachfrauen bereits 1993 begonnen, ein eigenständiges Weiterbildungsangebot zu erarbeiten, das auf Hilfe zur Selbsthilfe ausgerichtet ist. NEFU führt kein eigenes Ausbildungszentrum. Die Veranstaltungen werden dezentral durchgeführt. Die Wahl des Veranstaltungsortes richtet sich nach der Herkunft der potenziellen Teilnehmerinnen, Moderatorinnen oder Organisatorinnen und nach finanziellen Überlegungen. NEFU-Themen werden aus der Praxis für die Praxis genommen – auf die Bedürfnisse und Arbeitsweisen von Kleinstunternehmerinnen abgestimmt. Es werden keine Vorkenntnisse vorausgesetzt, ausser dem spezifischen Erfahrungsschatz, den jede Einfrau-Unternehmerin von ihrer Arbeit her mitbringt. Das Von-anderen-Lernen und das Teilen von Wissen haben Priorität.

Die Kursleiterinnen sind selbst NEFU-Mitglieder oder werden von einer Netzwerkfrau empfohlen, wenn sie mit ihrem Fach- und Praxiswissen ihre Kolleginnen unterstützen können. Allerdings müssen sie bedenken, dass nicht nur die NEFU-Veranstaltungen bewusst günstiger sind als vergleichbare Veranstaltungen bei gewinnorientierten Fortbildungszentren, sondern die Referentinnenhonorare klar tiefer liegen.

Das NEFU-Weiterbildungsangebot ist eine Dienstleistung des NEFU an seine Mitglieder und Interessentinnen an einer selbständigen Erwerbstätigkeit. Die Art der Veranstaltungen zeichnet sich dadurch aus, dass NEFU

- die Herausforderungen und Probleme im Leben und in der Arbeit von Unternehmerinnen ins Zentrum stellt
- Frauen mit kleinem Budget den Zugang zu Weiterbildungsveranstaltungen ermöglicht
- die Vernetzung innerhalb des Netzwerkes fördert
- die Erfahrungen und Stärken der Netzfrauen zum gegenseitigen Nutzen einbringt

- Begegnungsorte zum gegenseitigen Gedanken- und Erfahrungsaustausch schafft
- neue Impulse gibt und der Isolation der autonom arbeitenden Einfrau-Unternehmerin entgegenwirkt
- flexibel auf die ständig wechselnden Bedürfnisse und Wünsche der NEFU-Frauen reagiert.

NEFU Schweiz global online

Nach knapp halbjähriger Projektierungszeit ist es NEFU gelungen, im Sommer 1997 seinen Mitgliedern das zukunftsweisende Marketing-Medium auf dem Internet unter der URL-Adresse http://www.nefu.ch anzubieten. Per Mausklick ging das Netzwerk für Einfrau-Unternehmerinnen unter der Leitung der Netzwerkfachfrau Gabriella Canonica am 30. Oktober 1997 anlässlich einer Presseorientierung global online. Nebst einer grossen Anzahl von Aktualitäten, Informationen und Weiterbildungsprogrammen konnten sich Interessierte ab diesem Zeitpunkt auch über das Dienstleistungs- und Produkteangebot von NEFU-Mitgliedern informieren. Die Vielfalt der Branchen, aus denen die Berufsfrauen stammen, ist gross: Von der professionellen Flickschneiderin bis hin zur Dolmetscherin sind fast alle Berufsgruppen vertreten. Das Verzeichnis verweist ebenfalls auf Unternehmerinnen mit aktiver Domäne. Ob direkt gewählt oder via Hyperlink: Mit einer persönlichen Internetadresse gewinnt auch die kleinste Unternehmerin an Image und Prestige! Dank der NEFU-Homepage können Netzwerkmitglieder grundsätzlich stärker an die Öffentlichkeit treten, bisherige KundInnen betreuen, neue KundInnen gewinnen und auch E-Commerce betreiben. Dies alles zu einem überzeugenden Kosten-Leistungs-Verhältnis.

Seit Projektbeginn war und bleibt erste Priorität, NEFU möglichst schnell und umfassend zu vernetzen. Andererseits wird die Absicht Wirklichkeit, nebst dem eigenen Angebot vermehrt auf ähnliche Dienstleistungen, Netzwerke, Gründerzentren, Unternehmen im In- und Ausland und Sponsoren aufmerksam zu machen. Auf der NEFU-Website finden sich entsprechende Links.

Die Jahrestreffen – eine Motivationsspritze ohnegleichen

Die einmal pro Jahr stattfindenden Treffen von NEFU Schweiz benötigen keine hochtrabenden Bezeichnungen wie Generalversammlungen, Jahrestagungen, Foren, Konferenzen oder Kongresse, sie benennen sich schlicht und einfach Tage der Begegnung. Im Mittelpunkt stehen Begegnungen, wo das Thema Vernetzung gelebt wird, wo das Bedürfnis an vertiefendem Austausch artikuliert wird, wo Unternehmerinnen einander kennen lernen und sich als zueinander gehörend erleben können. Begegnungen aber auch, deren Programme einem hohen Qualitätsanspruch genügen.

Um ein möglichst breites Publikum anzusprechen, wird versucht, diesen aussergewöhnlichen Anlass jedes Jahr in einem anderen Kanton durchzuführen. Nebst Vorträgen von anerkannten in- und ausländischen Gastreferentinnen stehen Workshops zu verschiedenen Themen zur Auswahl. Wirtschaft, Kreativität und Improvisation prägen die jeweils gut besuchte Veranstaltung, die wie eine lang anhaltende Motivationsspritze wirkt. Der gewichtigste Programmteil wird von NEFU-Mitgliedern selber bestritten, welche mit einem bunten Strauss von Angeboten den ihnen zur Verfügung gestellten Raum als Werbeplattform benützen und mit positiven wie negativen Erfahrungsberichten, der Vorstellung ihrer Arbeit, kulturellen Einlagen und freiwillig geleisteter Unterstützung diesen Tagen eigentliche Glanzlichter aufsetzen.

Kantonale und grenzüberschreitende Knotenpunkte – ein Gewinn für alle Beteiligten

NEFU-Mitgliedern ist es gelungen, das Netz über fast die ganze Schweiz und über die Grenzen auszuwerfen. Die anfänglich grossen Maschen haben sich stark verfeinert. Erfreulich ist, wie Frauen sich immer wieder angesprochen fühlen, selbst einen Begegnungsort zu initiieren, um die Vernetzungsidee in ihrem Umfeld zu kommunizieren. Ob sie dies an ihrem Wohnort oder in ihrer unmittelbaren Umgebung tun, spielt keine Rolle. Wichtig ist, dass etwas in eigener Initiative getan wird und eigene Vorstellungen umgesetzt werden. Mit Einladungen zu persönlichen Arbeitsplatzvorstellungen, gemeinsamen Essen, Referaten, Workshops oder Events wollen die Organisatorinnen Frauen ansprechen, die Motivation und Ausgleich zur selbständigen, beruflichen Laufbahn suchen und den Alltag der Kleinstunternehmerinnen besser kennen lernen möchten. Bei diesen Treffen «erfahren» sich Unternehmerinnen von Angesicht zu Angesicht.

In einigen Regionen ist eine rege Teilnahme zu verzeichnen. Anderswo kam es schon vor, dass ein Treffpunkt leer geblieben ist. Der Grund dafür wird in der lockeren und unverbindlichen Organisationsform erkannt. Viele Frauen, so die Erklärung, hätten Mühe mit der Zwanglosigkeit, die auf eigenem Engagement basiert, und erwarteten ein festes, verbindliches Programm.

Ungeachtet dieser Tatsache gibt es überall Ansprechpartnerinnen, welche Treffen und Vorträge aus eigenem Antrieb organisieren oder bereits geknüpfte Kontakte weiter pflegen. Solcherart sind Knotenpunkte in den Kantonen Baselland wie Basel-Stadt und Umgebung, im Kanton Zürich und Region, in der Ostschweiz, in Graubünden, im Kanton Bern und Umgebung, in der Zentralschweiz, im Wallis und Tessin sowie in Deutschland, Frankreich und Vorarlberg entstanden.

Dadurch, dass der NEFU-Gedanke grenzüberschreitende Wirkung gezeigt hat, wurden im Ausland in den letzten Jahren analoge Frauennetzwerke unter dem Namen NEFU oder mit eigenständigen Bezeichnungen und Strukturen gegründet. So gibt es seit 1997 NEFU Deutschland, das von Gudrun Gempp initiiert wurde. Anstrengungen, NEFU France zu gründen, wurden 1999 von Marie Muller aufgenommen. An allen Orten wird ein Gewinn für die Beteiligten attestiert.

Das weibliche Zeitalter hat begonnen

Volkswirtschaftliche Bedeutung

Dass der Dienstleistungssektor unausschöpflich und wiederholt Ziel neuer Ideen und in all seinen Facetten zum beliebtesten Arbeitsfeld für NEFU-Frauen geworden ist, lässt sich leicht im Mitglieder- und Branchenverzeichnis von NEFU Schweiz ablesen. Die bereits angebotenen Dienstleistungen werden laufend mit neuartigen, oft konkurrenzlosen Marktspezialitäten und Nischenprodukten ergänzt. Obwohl laut Eigenerhebung zahlreiche der selbständig erwerbenden NEFU-Frauen familiärer Verpflichtungen wegen «nur» teilzeitlich arbeiten, dürfen sie auf das jährliche, aus eigener Kraft erwirtschaftete Bruttoeinkommen sehr stolz sein. Auch wenn der überwiegende Anteil nicht in sehr hohen Einkommensklassen anzutreffen ist, ist das Bruttosozialprodukt der Mikrounternehmerinnen nicht zu unterschätzen. Dies wurde schon im Jahre 1997 erkannt, als der Frauenanteil am Total von insgesamt 581'000 Selbständigen bereits 33,2 Prozent betrug. Das heisst, jede dritte Unternehmensgründung in der Schweiz wird von einer Frau in Angriff genommen, ein Viertel aller Betriebe ist in Frauenhand.
Aus einer unternehmerischen Grundhaltung heraus nehmen immer mehr Frauen ihre Chancen selbstbewusst, kreativ und mit Freude am Improvisieren wahr. Entweder müssen oder wollen sie für den Lebensunterhalt allein aufkommen oder einen Beitrag ans Familieneinkommen leisten – nicht ohne einen wesentlichen Obulus an die Gemeinkosten zu berappen.
Mit der Schaffung von aussergewöhnlichen Unternehmen zu ungewöhnlichen Zeiten findet unsere Frauenwirt-

schaft auf politischer wie gesellschaftlicher Ebene als unternehmerisches Potenzial den verdienten Stellenwert. Die beharrliche und kontinuierliche Vernetzungsarbeit macht sich bezahlt. Indem sich Einfrau-Unternehmerinnen zusammentun, um die vorhandene Stärke sichtbar zu machen, haben sie sich von dem Vorurteil befreit, eine vernachlässigbare Grösse zu sein. Denn überall dort, wo Frauen inhaltlich gleicher Meinung sind, wirksames Lobbying betreiben und Netzwerke aufbauen, gewinnen sie – wie bei NEFU – schnell die Aufmerksamkeit und ein Gesicht in der Öffentlichkeit.

Und wo bleibt «Bruder NEMU»?

Für Männer ist es schon lange ganz selbstverständlich, Kontakte und Beziehungen in der Arbeitswelt zu knüpfen. Sie pflegen ihre Beziehungen am Stammtisch, im Militär, in Zünften, Studentenverbindungen oder Service-Clubs wie Rotary oder Kiwanis. Auch wenn es bereits Männernetzwerke gibt, die sich peu à peu öffnen, bleibt Frauen der Zugang zu derartigen Vernetzungen vielerorts verwehrt.

An sich müsste man meinen, dass es Männern gegebenermassen leichter fallen müsste, Netzwerke zu gründen. Deshalb vermag es zu erstaunen, dass bei der Koordinationsstelle von NEFU Schweiz auch regelmässig Anfragen für eine Mitgliedschaft von Alleinunternehmern eingehen. Sobald sich Männer erkundigen, ob sie bei NEFU mitmachen könnten, wird ihnen empfohlen, selbst ein vergleichbares Netzwerk für Männer zu gründen. Denn wenn es das Hauptanliegen von NEFU wäre, nur gerade ein geschäftliches Netz für berufliche Kontakte zu knüpfen, würden die Netzwerkerinnen ihre männlichen Kollegen bestimmt nicht aus der Organisation ausschliessen. Schon deshalb nicht, weil in einem «gemischten» NEFU prinzipiell grössere Aufträge an Land gezogen werden könnten. Dadurch aber, dass Frauen zum Teil mit anderen gesellschaftlichen Problemen zu kämpfen haben als Männer, erfüllt NEFU vor allem auch eine soziale Funktion.

«Wo immer Männer und Frauen zusammenkommen, zeigt sich, dass Männer interessant und überzeugend präsentieren und sich und ihre Wünsche sehr gut darstellen können, während sich die Frauen vor allem durch ihr sensibles Zuhören auszeichnen. Die NEFU-Frauen haben sich nun mit NEFU ein Gefäss geschaffen, das ihnen Raum und Zeit gibt, ihre ureigensten Anliegen als Unternehmerinnen, das heisst als Geschäftsfrauen, besprechen zu können. Auch im NEFU hören Frauen zu, aber sie hören anderen Frauen zu. Sie finden Bestätigung und Ermutigung, wenn sie hören, dass andere Frauen ähnliche Probleme zu bewältigen haben. Und vor allem: Sie finden Lösungsansätze und -modelle, die sie auf ihre eigene Situation übertragen können. So lange sich die Lebensrealitäten von Frauen und Männern noch so stark unterscheiden, so lange brauchen Frauen auch ihren eigenen Gedankenaustausch.» Solche Überlegungen werden an regionalen Treffen und nach mehrtägigen Seminaren immer wieder klar und deutlich zum Ausdruck gebracht.

Der Vorteil der Grösse, der in der Kleinheit liegt

«Mit allem, was nicht an die Technik delegiert werden kann, werden sich die Frauen in der freien Marktwirtschaft noch intensiver beschäftigen. Das sind insbesondere gestalterische, kommunikative, innovative, soziale und unternehmerische Tätigkeiten sowie Aufgaben im

Gesundheitswesen und im Bildungsbereich. Tätigkeiten und Aufgaben, die sich stets von neuem selber erfinden müssen und für die es in der künftigen Gesellschaft mit Sicherheit eine grosse Nachfrage geben wird. Da Frauen geradezu prädestiniert sind, verschiedenste Jobs zu kombinieren, und sich damit ein breites Spektrum von Fähigkeiten aufrechterhalten, werden sie allein oder in einem überschaubaren Team für einen persönlichen Kundenkreis massgeschneiderte Leistungen erbringen können. Mit ihren gewissermassen natürlichen, akquisitorischen Potenzialen, die in der tatsächlichen oder auch nur zugeschriebenen Fähigkeit der Zuwendung zu Menschen liegen, ist es einfacher und schöner zugleich, als Unternehmerin erfolgreich zu sein. Die Frauenwirtschaft steht vor einer grossen Zukunft mit echten Wachstumschancen!»
So und ähnlich lauten die von Trend- und Zukunftsforschern dargelegten Thesen für eine künftige Arbeitswelt. Eine Welt, mit der die grosse Mehrzahl der Kleinstunternehmerinnen bereits bestens vertraut ist. Zahlreiche NEFU-Frauen verkörpern den prognostizierten Unternehmerinnentyp, der ohne feste Anstellungsverträge individuelle Lebenspfade im Berufs- und Privatleben sucht und vielfach in der Verwirklichung von autonomen Arbeitsplätzen findet. Sei dies zu Hause oder in einer dezentralen Arbeitsgemeinschaft: Mit ihren kleinen, flexiblen Unternehmen erfüllen sie wichtige gesellschaftliche und soziale Aufgaben. Oft mit bescheidenstem Portemonnaie, aber mit einem umso grösseren Herz.
Um aus der Isolation zu treten, um schnell Antworten und Leistungen zu erhalten, wenn sie diese brauchen und deshalb die unerschöpfliche Quelle von Wissen und Erfahrungen von NEFU anzapfen möchten, haben sich Unternehmerinnen unserem Netzwerk angeschlossen. Dies in der Absicht, mit gleich gesinnten Frauen ins Gespräch zu kommen, Lösungen für ihre Probleme zu finden, sich

weiterzubilden, Kooperation und Konkurrenz zu üben, aber auch Glaubwürdigkeit und Vertrauen zu gewinnen. Es sind Wirtschaftsfrauen, die stolz darauf sind, an der Schaffung von Arbeitsplätzen oder Gestaltung von innovativen Arbeitsmodellen beteiligt zu sein, sich als schöpferische und eigenverantwortliche Unternehmerinnen darzustellen, mit unterschiedlichsten Berufsfrauen Neues zu erlernen und Strategien zu trainieren, an die sonst niemand gedacht hätte. Solcherart am Schluss auch noch Geld zu verdienen, macht doppelt Spass!
NEFU-Frauen, die so handeln, zeichnen sich als echte Netzwerk-Könnerinnen aus. Sie haben erkannt, dass Intuition, Neugierde, Innovation, Kreativität, Begeisterungsfähigkeit kombiniert mit fachlichem Know-how und vernetztem Denkvermögen die Ressourcen einer neuen Lebensform und des Wohlstandes für morgen bedeuten. Eines Wohlstandes, der weniger mit der Höhe ihres Vermögens oder wirtschaftlichen Erfolges zu tun hat als vielmehr mit grundlegenden Werten und Motivationen, die ihnen im Leben wichtig sind. Viele Frauen fühlen sich erst dann erfolgreich, wenn sie etwas von ihren Energien und Reserven zurück- oder weitergeben können. Dies im Bewusstsein, dass der Aufbau und die Erhaltung konstruktiver Beziehungen zu allen Menschen, mit denen sie geschäftlich und privat zu tun haben, zu den Schlüsselqualifikationen erfolgreicher Selbstmanagerinnen gehören.
«Und zudem», brachte es die Gastreferentin und Wirtschaftsprofessorin Sonja Bischoff am fünfjährigen NEFU-Jubiläum 1998 in ihrem engagierten Plädoyer für unternehmerisches Denken auf den Punkt, «haben Einfrau-Unternehmerinnen im Hyperwettbewerb der Megakonzerne als Minianbieterinnen einen doppelten Wettbewerbsvorteil: Sie haben den Vorteil der Grösse, der in der Kleinheit liegt, und sie haben den Vorteil, eine Frau zu sein!»

Ausgewählte Literatur

Bischoff, Sonja: Zukunftsmodell «Freier Beruf». Schäffer-Poeschel, Stuttgart, 1995
Bischoff, Sonja: Männer und Frauen in Führungspositionen der Wirtschaft in Deutschland. Neuer Blick auf alten Streit. Schriftenreihe der DGFP, Band 60, 1999
Godfrey, Joline: Die neuen Unternehmerinnen. Geld verdienen, Spass haben, Gutes tun. Campus Verlag, Frankfurt/New York, 1993
Greber, Thomas: Wenn Kunden nicht bezahlen... Inkasso kostengünstig, effizient und sicher. mvg-verlag, Landsberg/Lech, 1998
Hartmann, Doris: Frauen, die wissen, was sie wollen, sind nicht zu schlagen! Rowohlt Verlag, Reinbek, 1999
Hubacher, Erich et al.: Der Sprung in die Selbständigkeit – ein Leitfaden für Unselbständigerwerbende und Betriebsnachfolger. Cosmos Verlag, Muri/Bern, 1997
Lutz, Christian: Leben und arbeiten in der Zukunft. Wirtschaftsverlag Langen Müller Herbig, München, 1995
Neubeiser, Marie-Louise: Führung und Magie. Orell Füssli Verlag, Zürich/Köln, 1992
Neubeiser, Marie-Louise: Die Logik des Genialen. Mit Intuition, Kreativität und Intelligenz Probleme lösen. Gabler, Wiesbaden, 1993
Segerman-Peck, Lily M.: Frauen fördern Frauen. Netzwerke und Mentorinnen. Ein Leitfaden für den Weg nach oben. Campus Verlag, Frankfurt/New York, 1994
Sterchi, Walter: Buchführung KMU. Finanzielle Führung von kleinen und mittleren Unternehmen in Produktion, Handel und Dienstleistung. Schweizerischer Gewerbeverband, Bern, 2000
Sterchi, Walter: Kontenrahmen KMU. Schweizer Kontenrahmen für kleine und mittlere Unternehmen in Produktion, Handel und Dienstleistung. Schweizerischer Gewerbeverband, Bern, 2000
Stiftung KMU Schweiz: ABC – Ein heiteres, aber wichtiges ABC für Leute, die etwas unternehmen wollen, Bern, 1997
Stiftung KMU Schweiz: Der Ratgeber zum Businessplan. Ein einfacher, aber nützlicher Ratgeber für Leute, die sich mit einem Businessplan beschäftigen, Bern, 1997

Winistörfer, Norbert: Ich mache mich selbständig. Ein Ratgeber aus der Beobachter-Praxis. Beobachter-Buch- und Leserservice, Zürich, 1996

Winter, Sonja: Lust am Unternehmen, TEAMWORK Sonja Winter. Basel, 1992/1994

Adressen von NEFU im In- und Ausland

NEFU Netzwerk für Einfrau-Unternehmerinnen Schweiz
Nelly Meyer-Fankhauser, Koordinatorin
Adlerfeldstrasse 67a
CH-4402 Frenkendorf/BL
E-Mail: nellysoffice@nefu.ch
Internet: www.nefu.ch

NEFU Netzwerk für Einfrau-Unternehmerinnen Deutschland
Gudrun Gempp, Koordinatorin
Unternehmens-Assistenz & Dienstleistungen
Im Lettenacker 1/2
D-79588 Efringen-Kirchen
E-Mail: nefu@gudrungempp.de / gg@gudrungempp.de
Internet: www.gudrungempp.de

NEFU Réseau de femmes créatrices d'entreprises France
Marie Muller, coordinatrice
Cabinet de formation & de conseil en informatique
2, rue de l'Eglise
F-68390 Baldersheim
E-Mail: m.muller@rmcnet.fr

Dank

Vielen Menschen möchten wir unseren Dank aussprechen, die sich die Zeit nahmen, um uns beim Schreiben und Verwirklichen dieses Buches zu unterstützen.

Sonja Winter, Christiane Völlmy, Katharina R. Schmid, Norbert Winistörfer und Peter Stephan verdienen ein herzliches Dankeschön für die Durchsicht einiger Stellen, die eine fachliche Begutachtung und Bereinigung benötigten. Ein besonderer Dank geht an Jürg H. Meyer für seine tatkräftige Unterstützung und wertvollen Inputs.

Unseren Sponsoren möchten wir dafür danken, dass aus dem Konzept ein Manuskript und aus dem Manuskript ein Buch entstanden ist.

Und schliesslich bedanken wir uns bei all den vielen Frauen, die unsere Arbeit von Beginn weg mitgetragen und an unserem Netzwerk begeistert mitgeknüpft haben, ohne deren Potenzial wir keine Erfolgsgeschichte hätten schreiben können.

Nelly Meyer-Fankhauser   Jeannette Plattner